领导的条件

松 涛 著

中国社会科学出版社

图书在版编目（CIP）数据

领导的条件/松涛著. —北京：中国社会科学出版社，2008.9

ISBN 978 - 7 - 5004 - 7141 - 7

Ⅰ. 领…　Ⅱ. 松…　Ⅲ. 领导学—通俗读物　Ⅳ. C933 - 49

中国版本图书馆 CIP 数据核字（2008）第 120166 号

选题策划　卢小生（E - mail：georgelu@ vip. sina. com/georgelu99@ yahoo. cn）
责任编辑　卢小生
责任校对　修广平
封面设计　高丽琴
技术编辑　李　建

出版发行　中国社会科学出版社
社　　址　北京鼓楼西大街甲 158 号　　邮　编　100720
电　　话　010 - 84029450（邮购）
网　　址　http：//www. csspw. cn
经　　销　新华书店
印　　刷　北京新魏印刷厂　　　　　装　订　丰华装订厂
版　　次　2008 年 9 月第 1 版　　　　印　次　2008 年 9 月第 1 次印刷
开　　本　710×1000 1/16　　　　　印　数　1 - 6000 册
印　　张　11.25
字　　数　109 千字
定　　价　28.00 元

目　　录

前　言

拿破仑有句妇孺皆知的名言：不想当将军的士兵不是好士兵。今天，甘愿平凡的想法已经过时，一个优秀的人才应该具有理想和创造力，具有责任感和进取精神。21 世纪，人人都应该具有成为领导者的理想。

做领导者不是命运安排和先天决定的，每个人都可能通过后天的努力达到目的。韩国三星集团董事长李健熙原本可以成为一位优秀的高尔夫球选手、一位发明家或一位动物学家，但他从小就树立了让韩国企业跻身世界前列的远大理想，积极地向着成为一名卓越的企业领导人的目标而努力，最后，他终于取得非凡的成功。

要成为领导者，首先要有做领导者的理想；其次，还要在品格、禀赋、性格修养、个人素质、潜能发挥等方面，具备一定的条件。这些条件互为依存，将一个人不断地推向卓越。领导者不是完人，未必在各方面都很优秀，但领导者会认真自省，寻找本身的缺陷和不足，不断学习，取长补短，让自己永远站在团队的前面。领导者的智商不一定要很高，但他必须会努力思考；领导者的品性不一定要完美无缺，但他必须会坚持认真修养；领导者不一定要很能干，但他必须喜欢任用才华出众的人……

要成为领导者，必须付出比常人更多的努力，克服更大的困难，应付全新的挑战。一个领导人不仅仅是能完成某一项工作，而是他能创造别人无法创造的价值，为客户、员工，为国家和社会做出应有的贡献。李嘉诚因逃难来到香港，在舅舅的照顾下有一份稳定、丰厚的工作，但他无法掩饰自己想成为领导者的理想，于是告别舅舅独自去社会闯荡，不断累积和扩张，最终成为华人首富。李嘉诚不但给世人创造了宝贵的物质财富，还留下了经营管理的经典理论。

每个人都具备成为领导者的潜能，不同的是，有的人将其发扬光大，于是如愿以偿地成为领导者；有的人毫不在意，或自暴自弃，只能做一个普通人。阅读本书，你可以了解：作为领导者需要哪些条件，你离这些条件还差多远，进而针对实际情况，将自己培养成杰出的领导者。

第一章 品格之水，载舟覆舟

一、优秀的领导者都是真诚的

尽管领导者的风格各异，但有一个品格是领导者必须具备的，那就是真诚。

真诚在为人处世时，表现出来的是态度真实诚恳，没有一点虚假。真诚是对一个人的整体要求，表现在心地、语言、行为、情感等诸多方面。只有心地坦然、言行一致，才能做到真正的真诚。真诚是一个人优秀的品格，也是对领导者的基本要求。

被誉为"世界第一首席执行官"的杰克·韦尔奇（Jack Welch），曾在美国通用电气公司（GE）做了二十年领导者，在自传中，他总结自己首要的"好品格"就是诚实，然后才是自我要求很高、情商很好……在他创立的著名六西格玛（6δ，即六个标准差）管理理论中，第一条就是要员工真诚地以客户为中心。

在韦尔奇看来，诚信是一份无价的资产，真诚是一个领导者基本的品格。事实上，真诚应该成为维系一个健康社会道德架构体系的纽带；只有互相信任、彼此真诚，社会才能和谐、安宁。商业社会将真诚提高到前所未有的高度，真实、诚信是现代商业交往的基本准则。

在著名的美国西点军校，诚实守信是对每个士兵的基本要求。在训练中，学校经常设置一些诱惑条件，考验士兵的诚信度。

刚入校的新兵都要接受残酷的淘汰训练，其中，武装越野是挑战生存极限的训练项目之一。新兵费文斯身体矮壮，尤其不善于长跑，与同学们跑不到两公里就远远地落在后面，一个人孤单地跑着。五公里、十公里……费文斯气喘吁吁，感觉心都要跳出来，忽然一个长满树木的弯道出现了，弯道的末端有个岔道口，指路牌上标明另外一条道路里程：三公里，比训练路线足足少了四公里。

费文斯停顿下来，稍事休息，最后，他毅然放弃捷径而孤独地迈上训练路线。

他当然是最后一个到达终点的人，但教官却宣布他过关了。被淘汰的士兵提出申诉，教官将从岔道口取回的监控录像重播给大家看，士兵们惭愧地低下了头。费文斯非常害怕，因为那一刻他也曾犹豫过。

在岔道面前，费文斯战胜了自我，取得了一次胜利；依靠这种真诚，费文斯从部队退役后，成为一家企业的总裁。

在人生的征途中，每一个人都需要真诚的帮助。有了真诚，才能脚踏实地走好人生每一步；有了真诚，才可以获得别人的信任和尊重。

作为领导条件之一的真诚是成熟的真诚，不是单纯和幼稚，不是胸无城府、不加选择的真诚。小孩子单纯幼稚，涉世不深，但并不能说他就是真诚的。如果只是胸无城府、头脑简单的真诚，也会让真诚带来相反的效果。

真诚可以保持独特的个人风格。真诚的人不会迎合别人的需要而改变自己，也不会因为诱惑放弃自己的底线，因此，往往具有鲜明的个性。这种个性容易发展成为人格魅力，成为一个领导者必备的优秀品质。

华盛顿小时候也很顽皮，居然用小斧头砍倒了父亲的一棵樱桃树。看见心爱的樱桃树被砍，父亲非常气愤，在全家人面前大发雷霆。几个孩子都战战兢兢，此时，华盛顿勇敢地站出来，说："爸爸，樱桃树是我砍的，你惩罚我吧。"

不料，父亲不但没有惩罚他，反而赞扬他的诚实。就是这种诚实，伴随伟大的华盛顿成为将军、成为美国最受爱戴的总统之一。

真诚让领导者目的明确。领导代表着权利和荣耀，代表着金钱的增加，但领导仅仅是这些吗？那么，你作为领导者的目的又是为什么呢？或者说，你的理想究竟是什么？要回答这个问题，必须坦诚地面对自己和他人，认真了解自己，你的动机是什么，你的兴趣在何方？让个人理想与企业发展相呼应，而不是为了当领导者而掩盖自己的真实想法。

美国钢铁大王卡内基是一个不安分的人，他很喜欢支配和领导别人。但他绝对是一位出色的领导者，因为在年少的时候，他就对追随他的伙伴坦诚相告，他想成为美国的钢铁大王。卡内基的真诚让他毫无保留地将自己的理想说出来，钢铁行业的优秀人才也正是看到这一宏伟目标，才真心跟随他建立起庞大的钢铁帝国。

真诚讲究心灵的沟通，容易获得下属的支持。很多领导者标榜自己是真诚的，却言行不一，依靠欺骗的手段领导下属。比如，很多企业的老板常在员工面前叫苦：最近企业发展不顺利，经营成本高，支出太大，大家一定要为企业着想——其实企业盈利颇丰。这样的老板就不是真诚的人，必定会被淘汰。日本企业家松下幸之助在企业内推行全员经营理念，将自己的思路、企业的状况全部向员工公布，也给员工较好的待遇，创立了终身工作制的楷模。员工与老板心灵相通，以至于在松下公司最困难的时刻，员工也能节食缩衣，共渡难关。

真诚可以维系原则。真诚的领导不但自己不弄虚作假，还可以抵御各种诱惑和欺骗，能在任何时候都坚持自己的判断，牢牢把握自己的原则。无论是企业发展，还是个人成长，都可以避免少走弯路和少犯错误。

二、信任别人，包括你的对手

信任是互相的，信任别人时也会得到别人的信任。作为领导者，信任是一种高尚的情感，可以助你建立起一个稳固的团队，可以获得广泛的支持和尊重，减少不必要的阻碍和干扰。

年轻漂亮的珍妮在一家快递公司工作多年，能力很强，表现优秀，老板准备将她升职。按照公司规章，珍妮在获得晋升之前，必须到条件相对艰苦的物流部门担任一段时间的见习经理。

物流部的工作人员都是男性蓝领工人。去之前，同事们就告诉珍妮：那些人程度不高、粗鲁，喜欢开低俗的玩笑……

珍妮来到物流部，非常注意和工人们保持距离，从来不与他们谈工作以外的事情，主动防范那些"色迷迷"的眼神。刚开始，工人们对珍妮很尊重，听从她的指挥和安排，两个月后，工人们渐渐不听从她的号令了，工作无法开展。

上司告诉她，这段时间的工作绩效对她的晋升非常重要；这些工人们大多都心地善良，没有歹意，作为见习经理，她必须信任他们，和他们打成一片。

珍妮决定从组长入手，主动建立好关系，结果她发现，这些工人对她非常尊重，从来不开粗俗的玩笑。一段时间后，珍妮的顾虑彻底消除，与工人们建立了深厚的情谊。

在很多人看来，信任别人很简单，难的是如何得到别人的信任。事实恰恰相反，要真正信任一个人是很不容易的。因为，信任别人是获得别人信任的前提；而信任是有条件、有选择的，建立信任需要以时间作为代价。作为一个领导者，如果不加选择地完全信任每一个人，那么他若不是圣人，便是傻子。草率的信任会带来猜忌和背叛，将无法避免地遭受损失。

信任一个人不能带有任何目的性。很多人认为，为了得到别人的信任，获得别人的支持和帮助，可以先主动信任别人。事实上，这样的信任往往适得其反。因为信任是一种发自内心的纯粹的情感，不能带有功利和目的性。只要具有目的性，信任就掺杂了怀疑的成分，一旦被发现，你将成为不被信任的人。

信任有一个试探的过程。在和陌生人的交往中，彼此都有一定的防范心理是正常的。经过一段时间的相互交往和了解，信任便逐步建立起来。作为领导者，对信任的试探必须是不留痕迹的，不会对被试探者造成伤害的。试探要适可而止，尽量不让对方发觉。同样的，在生活中，每个人都会接受被信任之前的试探，对此也一定要豁达大度，不要因为别人的谨慎而导致友谊的破裂。

在职场上，如何知道自己是否得到了对方的信任呢？我们只要从细节入手，注意观察，就不难发现其中的奥妙。笔者总结了十道题目，你可以按照实际情况回答"是"或"否"。

❶对方是否当着你的面悄悄地打电话？
❷当你出现时，对方和他人聊天时是否欲言又止？
❸对方请你帮忙做事，是否很不放心？
❹对方是否让你接触现金？
❺对方是否让你独立完成工作？
❻你是否遭到对方的议论？
❼对方是否与其他人结成小团体？
❽对方是否明知你犯错却不指出来？
❾对方是否偷偷地跟踪或暗中察看你？
❿对方是否怀疑或十分注意你的脸色？

对于以上问题，回答全部为"否"

那证明对方完全接纳了你，你们之间有充分的信任，已经达到无话不谈的地步。

对于以上问题，如果有三个左右回答为"是"

那说明你还没有获得对方的信任，或者还在接受对方的考验；此时你不应气馁，要真诚地接受对方的试探和考验，用实际行动来打消对方的顾虑，获得信任。

对于以上问题，如果有六个左右回答为"是"

那说明对方已经对你产生了怀疑，你要注意自己的言行，赶紧采取补救措施；如果是误会或者无意中造成的不信任，可以当面解释清楚；如果是因为自己的原因造成失信于人，必须道歉，承认错误，并彻底改正自己的错误，以重新得到对方的信任。

对于以上问题，如果回答"是"的题目有八个以上

说明你已陷入对方的信任危机，很难恢复信任度了。但是，这种情况也不是完全没有办法。首先，你要充分信任对方，不要对对方产生防范意识；其次，要痛改前非，不惜牺牲自己的利益，博得对方的好感，慢慢地恢复信任。

三、勇于承担责任

商界"不死鸟"、日本八百伴国际流通集团前总裁和田一夫先生，一生经历过三次重大失败，但每一次都能在失败中站立起来。

八百伴的生意一直蒸蒸日上，在全球做到四百多家分店，和田一夫把家搬到中国香港，让弟弟打理业务。

但是由于公司假账对他的蒙蔽，信息不畅，以致公司出现危机总爆发——八百伴破产，和田一夫先生因此变成了穷光蛋。

作为公司总裁的和田一夫先生，当年只要稍稍隐瞒一点，就不至于陷入一无所有的境地。但破产的八百伴，大批员工失业，很多人遭受损失，和田一夫先生勇于负责，将所有的财产拿出来弥补损失，然后引咎辞职。"如果我在领导者素质上也同样一无所有，那我的生命也就该结束了。"这是和田一夫先生的一句名言。

的确，作为一名屡败屡战并取得胜利的企业领导者，和田一夫深知具备勇于承担责任的优秀品质是多么重要。只有勇于承担责任，才能在自己身上寻找原因，才能取得员工和客户的信任，赢得社会的尊重，获得最后胜利的机会。

在现实生活中，责任无处不在地影响我们的生活和工作，但并非每个人都能够主动去承担。"大家都有责任，怎么可能怪我呢？""这是业务部的事情，和我有什么关系呢？"……一旦出现不良后果，就想办法推托，让自己摆脱责任。勇敢地承担责任，说来轻松，做起来并不容易，因为承担责任就面临赔偿损失和承受负担，趋利避害是人的本性，承担责任毕竟是非常痛苦的事情。

勇于承担责任，表现出的是一种坦诚的心态和宽广的胸怀，容易取得团队的信任、敬仰和尊重。在责任面前，与领导者相比，普通员工是弱势群体。一个策划的失误，作为领导者可能会受到董事会的批评，但作为执行层的员工，这个责任可能导致他被炒鱿鱼。如果领导者勇敢地将所有的责任全部自己扛下来，那些本应承担相应责任的下属就会免去处罚，进而对你感激涕零。作为一名领导者，逃避责任会逐渐失去人心，丧失领导力。

上海友谊集团的连锁超市到一个城市开设新的连锁店。万事俱备，营销部将开业的日子确定在元旦。原因有二，适逢假期，迎合消费者心理。由于事情很多，主管该连锁店的副总经理虽然对这个决定有些质疑，还是签字了。

轰动效应并没有出现，开业的效果却很不理想，甚至没有别的城市平常日子卖得多。后来，经过调查发现，该市是一个以工业为主的城市，大多数人将购物计划安排到春节前年终奖金发放之后。总部召开会议追究责任，正当大家低头思过时，副总经理站起来，承担了全部的责任。

事后，副总经理被取消了当年股份分红，连锁店的员工却免掉了处罚。于是大家同心协力，创造性地展开销售工作，第二年就达到该市百货销售第一的目标。副总经理也因为勇于承担责任，受到全公司员工的尊重。

在很多影片中，我们都会看到这样的场面，杀人犯侥幸逃脱，却过着如丧家之犬的逃亡生活，一有风吹草动就担惊受怕。最后，杀人犯无法承受强大的心理压力，不得不选择自首。真是早知如此，何必当初呢？

如果责任一旦出现，我们首先想到的是承担而不是逃避，就会免去很多不必要的事情。逃避、推诿、寻找代罪羔羊……这些都是增加心理压力和浪费时间精力的事情。如果勇敢地承担下来，就可以坦然地面对一切，赢得别人的欣赏和佩服，将危机转化为对自己前进有利的局面。如果连基本责任都不肯承担，有谁会让你担当重任呢？看来，能否承担责任，乃是领导者一个重要的品格保证。

在好莱坞大片中，哈利·波特并非天生就是领导者，但他最终成为几个小伙伴里的领袖，就因为他能够在关键时刻承担过失，并能勇敢地肩负起破除魔咒、恢复正义的重责大任。他赢得了伙伴们的尊重，也得到了魔法界的信任。

可见，在责任面前，任何人都不应该有寻找推脱的理由；寻找借口，为自己辩解，都是很不负责任的做法。在做任何事情之前，在产生责任之前，都应该认真思考，做最坏的打算，锻炼自己的心理承受能力。有了这样的心理准备，无论产生什么样的后果都会勇敢地承担。

韩国商业奇才李健熙带领三星集团，创造了无数骄人的业绩。他的一个重要的优秀品德就是勇于承担责任。

他是一位狂热的汽车爱好者，能够在自己的企业生产汽车一直是他梦寐以求的事情。终于，当他成为三星集团总裁的时候，这个愿望可以实现了。于是他做出决定，引进日本汽车公司的先进技术，买来设备，在釜山建立制造基地，在三星集团里建立了全新的行业——汽车制造业。

三星汽车横空出世，产品品质和声誉都很好，但商场的输赢并不以人的爱好为转移。汽车销售下滑，大量的产品堆放在库房里，三星汽车成为三星集团投资最为失败的行业。最后，李健熙不得不做出痛苦的决定，将三星汽车廉价转让给法国雷诺公司。

三星集团因此损失严重，李健熙毅然决定从自己的资产中拿出 200 亿韩元，为自己的决策失误买单。正是他这种勇于承担责任的精神，感染了三星公司上下几十万名员工，三星才终于迎来屹立于世界产业之林的辉煌成就。

四、谦虚获得超常的进步

"满招损，谦受益。"谦虚的人有自知之明，虽然取得成功，还能主动审视自己的缺点和不足，找到与成功者的差距，进而促使自己不断进步；谦虚的领导者能够谦卑自省，发现下属的优点，不耻下问，虚心好学。

谦虚是源自内心的真诚，与夸夸其谈毫不相干；谦虚必须落实在行动上，才能本着实事求是的态度，正确地对待自己和他人。只有这样，才能给大家一个坦诚、谦逊、不断进取、领导潮流的形象。

英特尔公司是产业界的领袖，也是一家非常谦虚、勇于承认自己不足的企业。2006 年 6 月，该公司高级副总裁阿南德·钱德拉塞卡尔（Anand Chandrasekher）在台北国际电脑展上，向记者承认公司的缺点：英特尔公司缺乏竞争力，晶片的性能和供给一直存在问题，新的晶片经过了很多次修补。同时，他为 2005 年以来愧对客户、损失了市场价值和公司利润深深地道歉。

英特尔公司不但因而给世人呈现一个谦逊、诚实的企业形象，还在于消除公司的骄傲自满情绪，以便让公司不断进步，轻松应对来自同行企业的挑战。

一个人在身处逆境和遭受挫折的时候很容易做到谦虚，因为尚不具备骄傲的资本，而必须不断努力学习和进步，但当取得一定成就、实现一定目标，或身处顺境的时候，便容易滋生骄傲自满的情绪。凡事以自我为中心，认为自己的决定和行动永远正确，听不进别人的意见和建议，使其在错误的道路上越走越远。

作为领导者必须谦虚。只有谦虚才能听到不同意见，才能接纳各种优秀人才，才能让自己永远立于不败之地。领导者必须站得高，看得远；谦虚是这两项能力的基本保证。

在中国台湾，与两位哥哥相比，辜仲立显得非常低调。他本人很少在媒体露面，几乎不参加什么宣传活动，在业界老实得像一名大学生。对于非专业人士来说，很少有人知道他就是中租迪和集团的掌舵人，也很少有人知道这个企业是做什么的。正是这种谦虚的作风，让他走得比哥哥更远。

按照传统习惯，辜濂松将旗下的主要事业中信金传给长子，二子发挥自身优势成功地进入开发金董事会。只有辜仲立默默无闻地接下辜家资产中规模较小、知名度不高的中租迪和。由于起步较慢，辜仲立谦虚谨慎，小心经营；当大哥成为通缉犯，二哥与公司产生矛盾的时候，只有他一枝独秀。他所掌握的公司的业务涉及多个海外市场，营业额屡屡上升，成为业界耀眼的明星。

更令人诧异的是，辜仲立将中租迪和经营得有声有色，但却在 2007 年 1 月宣布将迪和售予汇丰银行。有人说，此举是为筹资加码开发金，以因应下次开发金董监事改选，"财政部"要求辜仲立必须达到 15% 持股比例的要求；也有人说，卖掉迪和是为辜仲立接掌中信铺路。但前者说法未经证实，铺路之说也有些许牵强，检视迪和占集团的营收比例，实在小之又小，加上拓展国际市场时，又因没有银行执照而受限，在集团国际化时绑手绑脚，不如将其出售。

可见，对于领导者来说，谦虚有利于保持平和的心态，坚持实事求是的原则；谦虚可以让领导者不受外界不良因素的干扰，专心致志地经营自己的事业。

谦虚并不是无条件地说自己技不如人、厚此薄彼，而是本着实事求是的态度，行就行，不行就不行。过分的谦虚等于骄傲，一味的谦虚会给人造成一种虚伪的印象，将美德变成一种假惺惺的客气。

不仅如此，现代社会，还往往出现"谦虚使别人进步，骄傲使自己进步"的尴尬境地。

顾琳在学校是位优等生，为人非常内敛和谦虚，受到老师和同学们的喜爱。毕业实习结束后，她与同学们一起参加了公司的招聘。公司准备在实习的十名同学中，留下八名正式录用。顾琳在各个方面都表现不错，顺利进入最后的面试。

在面试的时候，顾琳表现出过人的谦虚，"在很多方面我没有同学们做得好，我还需要努力学习……"面试官的脸色很难看，结果顾琳被淘汰出局。后来她明白，自己的失败在于过于谦虚。在职场上，除了在适当的场合表现谦虚的美德之外，该表现时还是得表现。

同样，作为领导者也不能过分谦虚。在该表现的时候，一定要充分地展示自己的才能和实力，才能让你的竞争对手或下属心悦诚服。

在大家的印象中，日本的索尼是一家非常谦虚的企业，这表现在公司上下的为人处世态度上。比如，即便你是一位毫不起眼的服务生，索尼的总裁也会对你的服务礼貌地起立，并表示感谢。正是这样一种谦虚的态度，让索尼刻苦钻研、努力学习，并在很短的时间内赶上欧美发达国家的企业。

同时，索尼也能把握谦虚的场合和尺度。比如，被誉为"电子狂人"的索尼总裁盛田昭夫就经常在不同的场合放出豪言："索尼公司的技术早已超越了美国，并将继续领先。"这种看似骄傲的行为，展示了索尼公司的实力和自信，无形之中带给员工一种压力，迫使公司不断地追求进步。

适当的谦虚和适当的骄傲都能使人进步，关键是要把握好分寸。

五、战胜恐惧和怯懦

有这样一个测试题：一个最亲近的人将一张写有咒语的纸放在你的屋子里，离开了。然后告诉你，纸上的咒语非常灵验，如果有人读完它，就会在将来某个时候遇到意想不到的灾难。当你看见纸条时，会怎么办？下面有四种答案：

❶忍不住好奇，打开纸条瞧一眼，然后掉头走开。
❷根本不看，随手将纸条销毁。
❸看完绝大部分，留下一点不看完（不看完就不会受到诅咒）。
❹不相信这些鬼话，坚持看完。

按照你的第一感觉马上选择一个答案，可以判断你到底是不是一个胆小的人。

选择答案一

说明你属于胆小的人，禁不起大风大浪，需要生活的磨炼才能战胜困难。

选择答案二

说明你是一个非常胆小的人，并且非常封闭，不敢尝试让自己接受锻炼，这会给你的成长带来不利的影响。

选择答案三

说明你很理性，但内心还是有点害怕，对外界的压力有点敏感。

选择答案四

根本不知道什么是恐惧，心理素质非常优秀，是做领导者的材料。不过，在生活和工作中，需要时时刻刻小心做事，避免因大胆而带来的负面影响。

经过简单的测试之后，你可以大概知道自己的胆略究竟如何。如果你没有一下子选中答案四，那证明你还缺少一点领导者的基本素质——胆量，而必须经过学习和训练战胜恐惧和怯懦。作为领导者，为什么要学会战胜恐惧和怯懦呢？

还是以测试题中四种类型的人为例。

第一种人，对新生事物具有强烈的好奇心，但一点风吹草动就容易让他改变主意，一点威胁和利诱就容易让他放弃立场；

第二种人，不敢尝试自己不熟悉的事物，对陌生世界有一种自然的抗拒情绪；

第三种人，在顺境或压力较小的时候可以是一个称职的领导者，一旦出现问题就选择放弃。

可见，以上三种人都不适合做领导者，只有第四种人具有较强的胆略，能做到泰山崩于前而不动声色，在危险面前保持镇定，带领下属出色地完成任务。

领导者必须战胜恐惧和怯懦。恐惧有源于自身的，也有来自外部的；作为领导者，首先要面对的是自己的恐惧，然后是团队和下属的。不管是谁在恐惧，也不管恐惧来自何方，都要坚定意志、集中精力，专注于自己的事业。这样才可能战胜困难和压力，获得最后的成功。领导者是团队的支柱和导航者，如果不能战胜恐惧，在危险和困难面前乱了方寸，就会扰乱作战部署，削弱团队的战斗力。

现实生活中有各种不同的恐惧，最常见的影响成功的恐惧是对陌生的恐惧。在人际交往中，很多人不能战胜恐惧，无法与陌生人沟通，不能适应陌生的环境。基本的人际关系都无法建立，怎能成为领导者呢？

沃尔玛连锁超市的创始人山姆·沃尔顿（Sam Walton）很小的时候就认识到，恐惧心理是人的天性，要取得成功，首先必须战胜恐惧。沃尔顿在密苏里大学参加过学生会主席的竞选，他知道如何成为一个优秀的学生领袖：那就是主动上前与迎面走来的人说话，不管这个人认识还是不认识。

他更将这种方法运用到工作上，形成治疗恐惧的秘方——一米的态度。他要求所有的职员无论在什么时候，与客户的距离都要保持在一米之内，并注视对方的眼睛，问他是否需要你的帮助。

这种"一米态度"帮助沃尔顿获得了成功，也成为减少和消除恐惧心理的秘密武器。

还有的恐惧来自未知的将来，未来有很多潜在的困难，可能给成功带来障碍，很多人产生恐惧心理，不是想办法克服这些困难，而是滋生畏难情绪，主动败下阵来。但是，成功绝对需要无畏的勇气，从今天开始，勇往直前。一个好的领导者要带领一个团队获得成功，必须要预想到可能出现的困难，并采取应对措施；无论出现什么样的情况，绝对不能临阵脱逃，也不能畏首畏尾，裹足不前。领导者应该具备置之死地而后生的英雄气概，不要寻找任何借口，而要立即采取行动，即便失败也在所不惜。

肯德基的创始人桑德斯上校之所以获得成功，一个重要的原因就是能够战胜恐惧和怯懦。一个仅仅获得上校称谓的速食店老板，在走投无路的时候，将自创的炸鸡一路推销到底；一种毫无名气的炸鸡，要得到餐馆老板和顾客的认可，是何等艰难。但是上校做到了，他一家家地推销，据说一共拜访了一千多家，才有人同意在店里销售。

如果不能战胜自己，恐惧和怯懦就会如影随形，给你的成功带来障碍，更不要说带领下属获得成功了。比如，你准备登场演讲，你会担心，如果大家笑我怎么办？你准备实施某一项创新计划，但非常担心，如果同事们不配合我，失败了怎么办？如此种种担心，会严重影响你的执行。

针对以上一些情况，许多自我训练中心也采取了很多方法来提高战胜恐惧的能力。比如，"信任背摔"，让一个人从高处坠落，由同伴们在下面接住。这项活动一方面锻炼对团队的信任，另一方面锻炼自己的胆量。事实上，大胆地倒下来，同伴们绝对会接住你。由此可见，在很多时候，恐惧和怯懦都是自己心理产生的一种不良情绪。所谓鬼从心生，就是这个道理。战胜恐惧其实就是战胜自己。

一头狮子带领的绵羊群能够战胜一只绵羊带领的狮群；作为一名领导者，更要去除心理的恐惧感和怯懦感，大胆地锐意进取，才能带领一个勇敢的团队获取胜利。

六、懂得服从才能发布命令

创立于 1741 年的英国桑德赫斯特皇家军事学院，培养了丘吉尔、蒙哥马利等众多政治家和军事家；近年来，该学院也为许多著名的世界级企业开设商业培训课程。

学院在对企业家们进行领导力培训时，也特别重视对"服从者才能"（Followership）的培养。一支军队要取得胜利，除了领袖，还需要有很多得力的服从者。在军队里，军官既是一名领导者，也是一名服从者。同样的，企业的老板、组织的领导者要做到既能发布命令，又能忠心服从。

无独有偶，美国西点军校对新学员训练领导力时，也强调要学会服从。因此，很多人断章取义，将无条件服从看成是每个职员都必须具备的素质，必须听从领导者的指挥和安排。实际上，服从不仅针对下属，也是对领导者的要求。

宏林是一位留学归来的学者，在公司总部锻炼半年之后，董事会决定让他主管集团的零售业务。宏林走马上任，非常敬业；新官上任三把火，大胆改革经营活动中不适合的环节。大到部门经理的任命，小到卖场商品的摆设，他都要发布命令、指手画脚。

渐渐地，零售部门出现了问题，很多下属不再听从他的指挥，销售业绩也节节滑落。宏林待不下去了，只好黯然退场。

公司调查者发现，宏林最大的问题在于不懂得如何服从。他服从董事会的决定，想将企业经营好，但不懂得如何服从零售业的大趋势，不知道倾听下属的意见和建议；他对自己的领导才能过于自信，小看下属们的能力，只知道命令而不懂得服从。如此种种，导致了他的失败。

1943 年，第二次世界大战进入关键阶段，著名的巴顿将军临危受命担任美国第二军军长。巴顿将军特别强调纪律和对上司的服从。在他看来，军队的纪律比什么都重要，军人的服从是职业的客观要求。在他看来，纪律可以保证一支部队的战斗力，可以发挥士兵的潜力。因此，必须在军队上下养成遵守纪律的习惯。

刚接管部队时，他深入到每一个营区，要求士兵严格遵守纪律，精确到领带、绑腿、钢盔等每一个环节，让很多士兵都觉得受不了。但是，在巴顿的带领下，无论战斗力、战斗作风或荣誉感，第二军都发生了意想不到的变化。

巴顿不但要求下级服从，自己在执行纪律和服从上级方面也毫不含糊。他认为，只有学会服从，才能成就事业。身为西点的优等生，巴顿将军继承了西点军校服从的优良传统。军人以服从命令为天职，如果不养成无条件服从命令的习惯，一旦发生战事，各级军官我行我素，部队将军心涣散，没有战斗力。

　　对于企业管理来说，服从也同样重要。服从不仅是下属的事，领导者也必须学会服从。因为领导者肯定有上级，必须服从；层级再高的领导者都需要服从做事的规律和正确建议。

　　在企业中，服从不单单是下属的事情，每一个领导者也都必须服从。领导者的成败，在很大程度上取决于有没有学会扮演服从的角色。领导者往往高高在上，容易养成唯我独尊的习惯，非但下属不愿意提出劝告，自己也不容易听进相悖的意见和建议。长此以往，领导者必然妄自尊大，企业管理绝对会出现偏差。领导者只有转变角色，学会服从，才能彻底去掉一意孤行的作风，才能真正理解所在组织的观念和文化。

　　所谓角色转变，是指领导者要将管理者和决策者的身份转化为服务者和执行者，只有认真地遵照客观规律，服从上级的指示和大众意见，才能真正放弃个人的独立自主，全心全意地遵从所属团体的价值观念，不至于发生错误。不论在任何机构、任何团体，领导者的权力必然都是有限度的。领导者的地位再高，只要环境改变了，就有可能是下属，因此必须谦虚地服从；再者，无论威望和地位多高的领导者，必须尊重企业管理的客观规律，必须听从客户、市场和下属的反应，真正学会服从，才能让自己的命令执行得更彻底。

　　领导力是一种综合能力，社会政治环境、商业环境、企业文化和个人魅力，都会给领导力加分。但领导力绝不仅仅是一种权威、一种征服力，而是建立在命令和服从之间的平等对话。一个领导者学会了服从，就明白自己能做什么，不能做什么；自己能改变什么，哪些东西不是个人力量能够完成的。因此，他就更能服从和服务于环境和下属，进而发挥自身和团队的优势，克服重重困难，提高工作效率和业绩。

服从同时也是一种艺术，一种变通。俗话说："将在外，君命有所不受。"过分的服从就是愚忠，只会给团队和个人的发展带来负面影响。一旦出现问题，即便上司主动为你承担责任，其他领导者或下属也会认为你没有工作能力，无法灵活变通，于是对你的领导力大打折扣。

一个懂得服从的领导者是高明的，他率先示范，让下属心甘情愿地追随他，提升领导力。因此，让下属服从命令的前提是首先学会自己如何服从。

麦克是一位欧洲移民，具有先进的欧美企业管理经验，某汽车公司董事会高薪聘请他出任首席执行官，以求力挽狂澜。麦克走马上任，将以前的管理经验运用到现在的企业中，在他看来，这个企业所有的管理都是不正确的，所有的人员都是落后的，需要改进。于是，他将董事会循序渐进实施变革的决议抛在脑后，发布了很多改革措施，并迅速执行。他的这些措施都从自己的经验出发，没有从服从和服务于企业的根本利益和广大员工的大局着想，于是，问题慢慢地出现了。

汽车公司终于淡出市场，麦克成为了催化剂。

七、心底无私天地宽

在众多不良品行中，自私自利也是领导者的大敌。自私的领导表现在：目光短浅，只顾眼前利益；自我意识严重，具有强烈的报复心理；过分看重个人利益，不着眼于全局和下属。

英国著名的唯物主义哲学家和科学家培根有一篇著名的文章，叫《论自私》。在他看来，自私自利的人就如只为自己精打细算的蚂蚁一样，会危害社会这个花果园。每个人都有私利之心，但必须与公共利益区分开来，即在谋取私利时，不能损害他人和团体的利益。对每个人来说，自私自利永远是一种坏的品行。

他告诫英国的君主，绝不能选择自私自利的人做官，尤其不能让他们掌握大权。因为这些自私的人，会为一己之私而牺牲公共利益，成为最无耻的贪官污吏。自私的人还会采取一切手段献媚取宠，达到自己的目的，因此是非常可怕的。

同样的，对于领导者来说，自私非常可怕，他会为了自己的私利牺牲下属、团体和社会的利益。现代社会毕竟不同于培根的时代，社会制度非常完善，每个人都有自己的判断，依靠投机取巧获得领导地位的可能性越来越小。换句话说，要获得领导力，走上领导者的职位，必须彻底矫正自私自利的品行。

美国历史上的金融大亨 J. P. 摩根曾遇到过自私的领导。大学毕业后，摩根去父亲朋友在华尔街开设的邓肯商行里实习。在一次为公司采购货物途中，摩根在新奥尔良码头闲逛，一位陌生白人问他们是否需要购买咖啡。那人说，他是一位远洋船长，从巴西运来整整一船咖啡；但美国的买主已经破产，现在只好自己推销换取运费，如果能够支付现金的话，可以半价出售。

摩根觉得这是一桩不错的买卖，决定以邓肯商行的名义买下全船咖啡，并电告商行总部。但是，邓肯商行总部的领导认为，摩根居然在没有请示的情况下就擅作主张，马上回电严加指责，要求摩根立即取消这笔交易。后来，摩根在父亲的支持下，偿还了挪用邓肯商行的款项。

结果，摩根取得了成功。巴西咖啡因受寒而大幅减产，国际市场咖啡价格猛涨了两三倍，摩根大赚了一笔！

一笔暴利生意与邓肯商行失之交臂，原因在于商行的领导者过分自私，不愿意让年轻的摩根超越自己。事实上，在短短的几年时间里，摩根就远远地超越了他的上司。

在实际生活中，很多领导者都具有各种不同的私心。有了自私自利的心理，就不能正确地对待和处理问题，造成下属的不满，进而削弱自己的个人魅力。领导者的自私通常表现在压制下属和将本来属于下属的荣誉、功劳据为已有。

一些领导者能力平平，为了确保自己的位子，总是想尽办法压制下属，上面说的邓肯商行的领导者就是这样的情形。他们非常担心属下一旦成长起来，会取代他的位置；于是，他们对自己占有的技术和资源非常保守，不愿意培养下属，将能够锻炼下属的一些机会搁置下来。这样的领导者整天提心吊胆，心思都花在如何保住自己的位子上，没有精力提高自己的程度，没有能力创造业绩，整天忧心忡忡，疑虑重重，造成团队涣散，工作效率低下。

真正优秀的领导者是懂得发现人才，并努力培养人才的。长江后浪推前浪，担心是没有用的，时代在发展，人无完人，下属总有超过领导者的一天。与其压制，不如放手培养，形成互相进步的局面。一旦下属进步了，能取代自己的位子，领导者自然也可以放手工作，获得进一步发展和晋升。

李健熙之所以能够领导三星王国，迈入世界优秀企业的行列，一个重要的原因在于，他能培养人才并勇于授权。在培养和任用人才方面，三星可谓别具一格。在李健熙看来，只要能够为公司的发展做出贡献，就是公司必须重用的人才。从会长、总经理到一般职员，三星集团形成了一套良好的竞争机制，当三星的人才成熟的时候，李健熙于2005年毅然宣布辞去三星集团董事长的职务。

真正伟大的领导者也不会将荣誉和功劳据为己有，更不会抢占下属的功劳。面对荣誉，他们能够大公无私，将功劳记在下属的头上，下属会因此而更加努力工作。一个领导者再怎么英明，毕竟需要无数优秀的下属努力奋斗，才能取得成果。如果领导者悄悄地将团体的荣誉和奖励据为己有，不但会抹杀下属的积极性和创造力，还会给下属或其他人留下一个自私的印象。所谓心底无私天地宽，一位好的领导者绝不能斤斤计较于蝇头小利，而要表现得大公无私，放眼全局、志存高远，在下属心目中留下良好的印象，让自己永远把握领导的制高点。

当日本企业界在颁发"企业经营之神"的荣誉称号时，日本企业家松下幸之助先生拒绝接受。在他看来，一个人无论如何伟大，他的能力毕竟是有限的。企业经营绝不能只依靠董事长、总经理，也不是领导者能够解决的，必须依靠全体职工的智慧经营。这就是松下幸之助著名的"集中智慧的全员经营"的经营方针。因此，松下公司历来努力培养人才，加强职工的教育培训。无论在任何场合，他都非常认真地告诉大家，公司的发展和进步是全体员工共同努力的结果。在公司发展最艰苦的时期，他宁可不盈利也要保证每个职工的薪酬和福利。

松下先生不与任何人追名逐利，他用实际行动表现了自己的无私，正是这种无私成就了一个伟大的企业领导者。

第二章　禀赋树木，哺育栋梁

一、野心家：精英或垃圾

　　成功来自于奋斗，来自于机遇……

　　人们似乎可以为成功找到很多理由和条件。但是研究者发现，成功的最初动因只有一点，那就是"野心"——是否一心想成功。也就是说，成功来自于野心。这种说法很多人或许不会苟同；因为"野心"二字在很多时候，是和阴谋家、不法分子等联系在一起的。

　　其实，野心可以这样理解，它是一种非凡的抱负和远大的理想。一个人对远大理想的强烈追求产生不可遏止的愿望，就是野心。野心勃勃的人会专注于自己的事业，胸中经常燃烧着熊熊的火焰，具有不达目的誓不罢休的决心。

　　一个没有野心的人必然是一个平庸者，无法成为领导人物。卡内基能够成为全球著名的钢铁大王，也是和他的野心分不开的。很小的时候，他就树立了制造和贩卖钢铁的理想，并逐渐发展成为垄断钢铁行业的勃勃野心。一个人如果连成为领导者的野心都没有，那么，他绝对不会为领导者的位子努力奋斗，也不会成为优秀的领导者。野心支撑一个人成为领导者，成为领导者之后又激发出更大的野心。

　　很多人信奉平平淡淡才是真，认为当领导者必须说假话，做假事，生活非常辛苦，为什么不能让自己轻松一点呢。他们从小失去成为领导者的理想，长大后更丧失了进取的野心，于是庸庸碌碌过完一生，无法促成自己事业的进步。只有那些具有野心的人，终日对自己生活的现状非常不满，经常具备一种忧患意识，不断产生焦虑感，必须在生活中寻求补偿，让野心自然而然地产生。

　　野心是一把双刃剑。大家都知道，希特勒是一个野心勃勃的人，他在《我的奋斗》一书中，毫不掩饰地向读者表达了自己追求事业成功、领导世界的野心。他的这种野心支持他，将所有的努力集中到自己的目标上，他的野心给全世界人民都带来了灾难。

　　野心成就了拿破仑，也毁灭了拿破仑。身材矮小、相貌平平的拿破仑，不但没有显赫的出身和家族的依傍，甚至一度穷困潦倒，在学业上也经常受到同学的讥笑。但他凭着对自我的坚强信念，克服了一切出身、外貌及天资上的困难，终于在政治上一夜成名，成为旷绝古今的伟人；然而，在他成为法兰西国的皇帝之后，他的野心仍在日益膨胀，企图成为欧洲的霸主，到处东征西讨。最后，在多国部队的打击下，他在滑铁卢一败涂地，昔日的伟人成了圣赫勒拿岛上的囚徒。野心成就了这个英雄，也毁灭了他。

现代社会，越来越多的人对野心倍加推崇。野心利用得好，可以成为事业的助燃剂，让自己成为企业的领导者、社会的精英；利用过度，则会让自己变成人类的危害、社会的垃圾。在奋斗的早期，希特勒和拿破仑都算得上人类的精英，但到了后来，野心膨胀，不加节制，终于成为人类发展史上的垃圾。

要让"野心"永远成为一个赞美词，成为领导者的优秀禀赋，就必须把握好野心的尺度。一个人必须具有成为领导的野心，将自己塑造成为人类的精英，为远大理想而努力地奋斗终生；但绝对不能将野心发展成一种强烈的占有欲，不能因为自己的野心而妨害他人，危害社会。美国学者发现，野心是行为的推动力，有了野心，就可以获得更多的资源，成为领导者。一旦成为领导者，占有了更多的资源，留给别人的就少了。因此必须合理地利用野心。

没有忧患意识，消极颓唐地对待生活，就无法获得野心；时刻为生存而忧虑，让自己变得坚强而自信，就很容易获得野心。但绝对不能让野心过分发展，巧取豪夺，损人利己。只有让野心健康发展，才能让野心变为成功的有利因素。

全球最著名的网络搜索引擎公司谷歌（Google）的联合创始人谢尔盖·布林（Sergey Brin）和拉里·佩奇（Larry Page）就是具有野心的人。他们是斯坦佛大学计算机博士班的同学，当同学们都狂热地加入计算机软件领域的研发时，他们却注意到一个问题：如何在庞大信息中找到一个解决搜索的办法。后来，他们终于发明了一个技术上非常先进的搜索引擎。当他们的公司崭露头角时，有风险投资家准备收购，有人恶意打压，但他们顶住了各方的压力，成为世界一流搜索引擎公司的野心越来越大，最终他们胜利了，成为全球顶尖的IT企业。

布林和佩奇都是很有野心的人，但他们没有将野心变成邪念，而是自始至终专注于搜索技术的研究开发，努力让自己成为行业的领导者。他们最终成功了，成为硅谷的精英。

无论从哪个方面来看，因为对资源的摄取，导致野心必然成为旁人厌恶的东西。因此，必须善于引导，认真把握。在一个人人都在努力进取的环境中，不妨表露野心，让大家都不能对你掉以轻心；在一个大家都安于现状的环境中，如果不压抑野心，不但不会成为领导者，反而会成为众矢之的。在企业里，在团队中，必须将"野心"牢牢地控制在道德和法律的范围之内，要熟练地把握自己，不要让野心过于外露。在条件不成熟的时候，还必须压抑自己的野心，研究发现，一个具有强大"野心"的人，会因为野心迟迟得不到实现而产生严重的心理负担，他们会焦虑、暴躁、敌意、对抗，这不但会损害身心健康，还会形成恶劣的人际关系，不利于自己的发展。

二、做一个乐观主义者

前面提到的拿破仑，除了野心之外，还是一个乐观主义者。

在一次遭遇战中，他的队伍损失惨重，仓皇逃窜，而拿破仑一不小心摔下了马背，非常尴尬。此时，军心涣散，无力抵抗。拿破仑意识到，要取得胜利，自己必须克服困难，鼓舞士气。于是，他干脆在泥潭里将自己弄得像滑稽的小丑一样，哈哈大笑，让手下的士兵瞬间忘记了危险。只听拿破仑大吼一声："冲锋！"

士兵们被他的乐观自信所鼓舞，大家群情激奋，以一当十，最终杀退敌军，取得了战斗的胜利。

1814 年，无条件投降的拿破仑宣布退位，然后被流放到地中海的厄尔巴岛。虽然被软禁在弹丸之地的小岛上，为了鼓舞追随者的士气，拿破仑还是要求保留了"皇帝"的称号。虽然拿破仑最终还是无法挽回败局，但他不倒的英雄气势却永远激励着后来者。

人生不可能一帆风顺，面对困难和挫折，是垂头丧气、一蹶不振，还是乐观自信、奋勇向前，完全取决于当事人的态度。作为领导人物，一举一动都是下属的榜样；领导者的情绪会感染周围的人，其言行影响更为深远。

因此，一个好的领导者在任何时候都应该具有乐观的精神，保持积极向上的生活态度。领导者不但要告诉下属怎么做——发挥智慧才能，还要身先士卒，激发团队的积极性，带领大家朝着目标勇往直前。

伟大的作家屠格涅夫说过，乐观是养生的唯一秘诀，常常忧思和愤怒，足以使健康的身体变成衰弱。具有乐观精神的人，虽然经常遇到失败，但他并不会害怕和叹息，而是将其当做必然到来的事情，屡败屡战，直到获得最后的成功。这样的人对身边的人本身就是一种激励、鼓舞和示范，容易成为大家尊重和模仿的对象，自然而然确立领导者的权威。

梅琳是一位软件工程师，还是公司支援组的领导者，论专业技术，她不但比不上那些从海外引进的人才，甚至连本土大学毕业的硕士研究生也赶不上。但是，她具有别人没有的乐观精神，正是这种精神让支援组渡过一次次难关，赢得一个个胜利。

当支援组遇到困难、大家愁眉不展的时候，就有人会问："梅琳呢？她到哪里去了，要是她在这里，问题一定能解决。"有一次，支援组集体加班解决一个程序问题，大家进展得很顺利，估计不用加班到后半夜就可以解决全部的问题。梅琳去总部汇报工作，迟迟没有回来。支援组却在关键时刻遇到麻烦，一个代码怎么也找不到，时间一分一秒地过去，大家越来越着急，越急越没有办法。

半夜时分，梅琳来到办公室，还给大家带来丰富的消夜。她微笑着对大家说："伙计们，不要着急，刚才总经理说了，下个礼拜交差也可以。"当助手们正要提出疑问时，她却让大家停下工作，吃消夜。

第二天上午九点，支援组终于突破难关。作为领导的梅琳用乐观帮助了团队。

乐观的人将所有事情都往好的方向想，他们也会想到失败和困难，但绝对不会沉浸在其中。于是，他们总是可以信心百倍地投入工作，作为领导者，也可以让手下积极踊跃地展开工作。凡事从坏处着眼，向好处打算，是乐观的表现，也可以让大家树立信心，努力工作。就如那个非常有名的半杯水故事，悲观的人说，只有半杯水了；乐观的人说，我还有半杯水啊！领导者即便事业进展不顺利，遭遇到人生的失败，也会乐观地打算，找到东山再起的途径。

和田一夫先生之所以被日本商界誉为"不死鸟"，能够从一次次彻底的失败中站起来，创造商业神话，一个重要的原因在于他的乐观。七十岁是一个人享受丰硕成果的时候，和田一夫先生却遇到人生中最大的麻烦：

1997 年，八百伴集团彻底倒闭，他也由超级富豪变成租房居住的穷光蛋。

1998 年，年已七十的和田一夫并没有消极避世，而是决定东山再起，他设立了经营顾问公司，并开办国际经营讲座。由于自己的传奇经历，他的举动迅速引起日本社会的广泛关注和尊敬。2001 年，《和田一夫从零开始的经营学》一书出版，他还雄心勃勃地进军 IT 产业。

既然乐观对于领导这么重要，那么如何判断自己是否乐观呢？很简单，只需要对以下题目回答"是"或者"否"：

❶夜深人静时，突然响起了敲门声，你认为根本不会有麻烦发生，充其量是朋友的恶作剧。

❷你从不随身带着安全别针或者一条绳子，以防万一衣服或别的东西裂开了。

❸你跟人打过赌吗？

❹你曾梦想过赢了彩票或者继承一笔大遗产吗？

❺出门的时候，你经常带着一把雨伞吗？

❻你很有自信，不会把收入的大部分用来买保险吗？

❼度假时，你曾经没预订旅馆就出门了吗？

❽你觉得大部分的人都很诚实吗？

❾度假时，把家门钥匙托朋友或者邻居保管，你会将贵重物品事先锁起来吗？

⑩对于新的计划，你总是非常热衷吗？

⑪当朋友表示一定奉还时，你会答应借钱给他吗？

⑫大家计划去野餐或者烤肉时，如果下雨，你仍会照原计划准备吗？

⑬在一般情况下，你信任别人吗？

⑭即便很重要的约会，你也会按照规定的时间出门，因为塞车、抛锚或者其他状况不会经常发生。

⑮你对公司组织一年一度的身体检查看得很淡，认为自己身体很好，大概没什么毛病。

⑯每天早晨起床时，你会期待又是美好一天的开始吗？

⑰收到意外的来函或者包裹时，你会特别开心吗？

⑱你会随心所欲地花钱，等花完以后再发愁吗？

⑲上飞机前，你会买旅行保险吗？

⑳你对未来的十二个月充满希望吗？

答案为"是"的计1分。总分低于7分的，就是一个标准的悲观主义者；分数在8～14分之间的人，人生的态度比较正常，但离乐观还有一定距离；分数在15～20分之间的人，就是一个很好的乐观主义者。

三、自信决定命运

对于"股神"巴菲特来说，很多时候，决定命运的不是过人的智商、辛勤的工作和超人的胆略，而是自信。

巴菲特是一个从小就具有投资意识的商业天才。1941年，年仅11岁的巴菲特生平第一次购买了股票——3股城市服务公司的股票（每股38美元），不久后，他以每股40美元的价格抛出，扣除佣金后，赚了5美元。但几年后，这只股票价格猛涨到每股200美元。之所以没有赚到足够的利润，在于年少的巴菲特对股票投资缺乏充分的自信，他自己在后来也承认这件事。在投资领域，他认为："当你对某件事情非常确定，并且有充分的事实来证明这一点时，其他人的建议只能让你感到困惑，太过考虑别人的建议简直就是浪费时间。"

自信，自信！巴菲特时时刻刻告诫自己。20世纪70年代，巴菲特发现，新闻业有一种其他行业没有的保险免赔（保险标的受到损失时，损失在一定限度内，保险公司不负赔偿责任）限度，进而接二连三地大量购进媒体股票。但他的亲友纷纷表示忧虑，因为此时，新闻业前景看起来非常渺茫，很多投资者正在抛售手中的新闻行业类股票，巴菲特还大量买进，简直是自掘坟墓。但巴菲特相信自己的调查与分析，坚持大量持有媒体股票，而最后这些股票给巴菲特带来了丰厚的回报！

自信是胜利的先决条件，也是领导者的必备素质。著名发明家爱迪生曾说：自信是成功的第一秘诀。一个人所具有的潜能，往往与实际生活中表现出来的能力并不成正比，其中的原因就在于自信心的有无。那些乐观、自信的人对某项问题表现出浓厚的兴趣，能想尽办法激发自身潜能，超水准完成任务；而那些缺乏自信的人，尽管能力比别人强，却在实际运作中捉襟见肘。

求职需要自信，演讲需要自信，恋爱也需要自信；一个人越是自信，就越能获得对方的信任和欣赏。在刚接受某项任务时，就设想种种未知的困难，将自己吓退，那还能做成什么事呢？

著名钢铁大王卡内基在十多岁时，就表现出充分的自信，当他经熟人介绍去参加电报公司的面试时，央求父亲在楼下等，他独自上楼去和老板面谈。老板被眼前这个身材矮小的孩子展现出来的自信所折服，卡内基通过了面试。

当时，父亲问他："为什么不让我陪你一起上去呢？"卡内基回答："身材高大的你在身边，会将我衬得更矮小，而没有你在旁边，我会更好地发挥。"卡内基依靠自信获得工作，把握了自己的命运。事实上，正是因为自信，让他不断地超越自己，成为同伴的核心，进而创立钢铁企业，成为卓越的企业领导者。

在工作中，虽然你是个新手，对未来的工作可能并不熟悉，但绝对要表现出自信，才能得到上司的赏识。面对同一个问题，有人斩钉截铁地说："没问题，交给我吧，保证完成任务。"有人吞吞吐吐地回答："这，这恐怕有麻烦，我从来没有做过，还是交给别人来办吧。"作为老板，肯定会喜欢前者，而对后者的印象大打折扣。

杰米是沃尔玛的一名普通员工，上班一段时间之后，纸品部门的主管调到食品超市任职，留下一个空缺，经理召集纸品部的人员开会，询问有无员工能够暂时顶替主管的工作。大家不知道经理是什么意思，几乎每个人都摇摇头；杰米对主管的工作十分熟悉，有点初生之犊不怕虎的味道，马上站起来说："我愿意试试。""很多资深员工都不敢尝试，你能吗？""请给我一个星期的时间，如果行就行，如果不行就撤换我。"杰米回答得非常肯定。由于缺乏合适的人选，杰米就暂时做了主管。

一段时间过去，杰米把工作做得井井有条。纸品部的业绩上升，无论服务品质或清洁卫生，都得到上级部门的好评。经理来调查，很多员工都说杰米非常自信，让大家绝对没有克服不了的困难。不到一个月的时间，杰米便成为正式主管，半年时间过去，他也升上了楼面经理。

对于一个领导者，自信不但可以发挥自身潜力，取得事业成功，还可以帮助下属获得信心，团结一致努力工作。因为在工作中，如果不表现出自信，就不能得到领导职位；没有自信，连自己的工作都做不好，怎能发挥领导才能，带领团队走向成功呢？

　　自信是非常重要的，但自信是建立在自身能力的基础上的。没有一定实力的凭空自信，只能是外强中干。

　　巴菲特的自信来自于对商业知识的了解和对商业动态的把握，能对各个行业做出准确的判断和预测。这种能力在于自己的日常培养。很小的时候，巴菲特和很多伙伴一样，在公共场合卖可口可乐，但巴菲特的生意最好。原来，很多伙伴都只进货、零售，很少有观察和总结，但巴菲特不一样，他非常仔细地观察汽水机旁被人们丢弃的瓶盖，然后将它们分门别类并计算个数，这样就可以得出什么汽水好卖的结论。

　　同样的，自信也不是自傲、自负和凌驾于他人之上的妄自尊大；一个有自信的领导者能够谦虚待人，平和处事，而不是突出自己的权威，压制下属。"领导人不见得比别人聪明，可是他会用比他聪明的人。"一个好的领导者必须苦练内功，提高自身的能力，在关键时刻表现出非凡的自信，才能充分发挥领导能力，让下属为他所用，进而不断地取得事业的成功。

四、沟通从心开始

　　《领导力》一书的作者前纽约市市长鲁迪·朱利安尼（Rudy Giuliani），是一位深谙领导艺术的政治家，他着重强调沟通技巧的重要意义。

　　2001 年 9 月 11 日，美国发生了震惊世界的灾难，朱利安尼成为处置突发事件的核心人物。面对一片废墟的世界贸易中心，他身为临时指挥中心的负责人，要指挥调度消防人员、警察和搜救人员，向遇难者家人致哀，与州政府和联邦政府官员会面……为了消除谣言，稳定局面，他将自己完全置身于媒体的镜头之下，尽可能地公开露面。

他提到，当时他必须与消防人员、警察、救援和政府人员之间进行现场沟通和协调，还必须和全体大众沟通。必须沟通，因为在那个紧急的时刻，有那么多人在为市长工作，市长应该了解他们在做什么，执行的情况如何。

由此可见，在领导层面上产生的沟通，就是领导沟通。领导沟通集中展现了领导者的性格和团队的价值观念，表达了个人修养，呈现了诚实守信的工作作风。

领导者随时都会遭遇沟通的状况，大到各式各样的会议，小到与员工的想法交流，都离不开沟通。沟通的效果如何，直接关系到领导者的意志能否得到贯彻。领导沟通有多种类型，每一种类型都由领导行为产生，而领导行为传达的是领导者的观念，即怎样做事才对组织和组织成员更有利。领导沟通的意图是吸引听者，获得支持，并最终在领导者与下属之间建立起信任的纽带。领导沟通还可以让领导者与下属齐心协力，提高效率，进而有所成就。

如今，沟通常被赋予全新的含义，包括传递信息和观点，交流思想，体会双方的互动。沟通的目的在于取得人与人之间的信任和理解，以便实现共同的目标。沟通作为一门艺术，已经成为领导者的必修课程。一个领导者不管自身能力多强，个人魅力多高，要获得管理的成功，就必须完成上下级之间的沟通和交流，将所有员工团结在一个共同目标下努力工作。

要实现有效的沟通，必须掌握沟通的技巧。领导者的作用就是营造良好的沟通氛围，将沟通技巧转达给团队的每个成员。沟通不力的团队，成员之间情感生疏，无法形成一致的价值观念，在事情的认识上无法达成共识；每个人之间信息不畅，团队里没有良好的人际关系；上下级之间互相防范，领导者的旨意无法传达和执行。

沟通是一个双向的过程，包括输出和接收两个方面。信息输出常以语言、书面、行为等方式完成。一个优秀的信息输出者，要综合考虑接收人各方面的条件，保证输出的信息编码被接收人正确的理解和接受。某跨国公司的外借管理人员不考虑当地的国情和风俗习惯，将国外的管理方式照抄照搬，结果引起当地工作人员的反感，不得不调换别的管理人员。这个外借管理人员没有考虑信息接收者的文化背景，就不是一个良好的信息输出者。

除了输出，还需要注意接收方面的技巧。信息接受常以聆听、察看、感受等方式表现出来。察看一般表现在书面信息方面，感受属于心理行为，容易受到时间和空间条件的限制。在几种方式中，聆听是非常重要的部分，聆听者不但要完全理解输出人的语言，还要体会潜台词、观察肢体语言，全面理解各种信息。韩国三星集团总裁李健熙先生就是一位优秀的聆听者，他可以连续几个小时听别人讲话而自己一言不发，这让韩国的知名作家都感到震惊。这种聆听是李健熙谦虚的表现，更展现了他优异的沟通技巧，通过聆听，他全面理解和接受对方的信息，并消化吸收，变为自己的东西。

不管输出或接受，都需要心灵的参与。泛泛而谈的输出，心不在焉的接收，都会给沟通带来负面影响。全神贯注、全身心投入的沟通，会收到意想不到的效果。一些企业领导在员工生日的当天送上蛋糕，在员工生病的时候亲自表达问候……都是良好的沟通形式。

沟通表现在各个环节，在工作中更离不开沟通。员工内部工作信息的畅通交流，是工作顺利进行的重要保障。方针需要传达、命令需要执行，每一个环节都离不开沟通，只有良好的沟通，才能让大大小小的领导和执行者全面理解各自的意图，提高工作效率和执行效果。因此，领导者除了提高沟通艺术之外，还要建立业务沟通的制度和系统，让工作信息实现无阻隔流通；领导者还要及时掌握员工的工作状态和进度，促进上下级之间的理解，全面提高效率，降低成本。

在组成领导力的各种能力中，沟通能力是一种必备的技巧，领导力又是实现有效沟通的基础。领导者要充分运用自身能力，充分发挥沟通的作用；作为一个传达者，领导者不但要向员工输出信息，还要吸引员工参与，吸引大家的想象，鼓励下属的成长，这样才能最终完成有效的沟通。

很多大企业的首席执行官都是沟通的高手。比如，比尔·盖茨经常通过亲临现场、电子邮件、视讯电话等方式，尽可能让员工感觉到自己随时都在他们身边，同时随时掌握各个部门的工作进展情况、让员工随时掌握公司上层的动态和意向。可以避免员工胡乱猜测，保证他们专心致志地工作。

微软公司还广泛邀请员工参与，员工不但可以参与产品的研究开发，还可以了解到市场推广、企业管理等各个方面。同时，公司通过给高级员工配送股票等方式，成功吸引广大员工的参与意识。公司还通过盖茨的海外巡回演讲、塑造个人魅力、描绘出美好的前景等方式，来激发员工对未来的展望和想象，鼓励员工参与各种培训，不断追求进步，增强团队意识。

五、专注放大你的优势

一个国王出门旅行，临走前交给三个仆人每人一锭银子，对他们说："这是我给你们的本钱，随便你们怎么处理，但我必须知道你们的结果。"

　　长途旅行结束了，国王召集三个仆人。第一个仆人交出他赚来的十锭银子，国王非常高兴，马上奖励他十座城池。第二个仆人赚了五锭银子，国王奖励了他五座城池。第三个仆人将原封未动的一锭银子交给国王说，他一直保存在家里；国王很不高兴，将他这锭银子收回来，赏给第一位仆人。

　　第三位仆人闷闷不乐，国王对他说："凡是少的，就连他所有的，也要夺过来。凡是多的，还要给他，叫他多多益善。"

　　这则《新约》上面的故事就是著名的马太效应。它告诉我们，只要专注事业，做大做强，优势就会越来越大。所谓强者恒强，弱者恒弱。玩过滚雪球游戏的人都知道，雪球在最小的时候也是最难滚的时候，甚至在努力地滚了很久之后，反而垮掉；于是有的人就灰心丧气，撒手不干。只有那些专注的人，一直坚持滚下去，雪球越来越大，最后甚至不需要滚，雪花也会自动黏上来。

　　在这赢家通吃的年代，作为一个领导者，必须专心做大自己，保持自身优势，才能立于不败之地。虽然每个人都有自己的优势，但在整体上与别人比较起来还是比较弱小。聪明的人知道扬长避短，放大自身优势，来获取马太效应。

　　领导者如何放大自身优势呢？一个重要的方法就是专注。李健熙在各方面都是非常优秀的：饲养宠物，他成为专家；他学习、研究高尔夫草坪的维护和保养，发表了很多论文……但一个人的时间和精力都非常有限，全面开发结果只会什么都做不成。李健熙深深知道这一点，于是，他将大部分精力都放到企业经营管理方面。他借鉴欧美企业的现成经验，引进国外的技术，招聘优秀的人才，在短短的几十年时间里，将三星集团做成全球领先的企业。

他不但自己专注，还要求公司也必须专注。在他的"创新经营"理论中，一个重要的创新就是缩短三星集团的战线，集中全公司的资金和人才，努力发展电子制造业，打造核心竞争力。结果，由于三星集团的优势方法，马太效应很快出现，三星迅速膨胀。

要想成为领导者，必须学会专注，要做好一个领导者，也务必坚持专注。柯万特家族长期专注于汽车制造，雅诗兰黛家族致力于美容化妆产业，可口可乐只做一种饮料……专注的成功例子实在太多太多。依照这些家族企业的财力和能力，无论进军哪个产业都可能成为领航者，但他们没有；只有将自己的能力都专注于一点，才能发挥并扩大自身优势，永远占领行业的制高点。

要做到专注，必须懂得事情的轻重缓急；但是，如果仅仅知道事情的优先次序，而不知道如何集中注意力，也无法发挥自身优势。一个人要想成功，必须明白哪些事情是当前必须解决的，哪些事情可以缓一缓；然后在重要的事情上投入所有精力，各个击破，这样才能突出自己的优势。

我们如何才能做到集中时间和精力，专注于一点，放大优势呢？

要做到这一点，首先要发现自己的长处，并将大多数时间和精力花在上面。优秀的钢琴大师赢得了无数的鲜花和掌声，即便他对小提琴并不熟练，但人们也不会责怪他。每个人的长处都只在某一特定的层面，没有必要也不可能面面俱到，一个好的领导者必须将大多数时间专注于擅长的领域。如果想成功，就要发现自己的长处，如果你是一个技术能力很强的人，就应全心全意投入技术开发，力争做出成绩，得到上司的赏识；如果你的强项在管理，那就应该不断培养管理能力，让自己迅速走上领导职位。

虽然专注，但优势并不一定能发挥和确保，因此，专注并不等于只注重眼前而不管未来发展，必须将很大一部分精力花在对新生事物的了解和学习上。领导者必须不断改变和超越自己，要跳出既有的思路和框架，学习新鲜知识，了解新的动向。一个人或许可以很快成为领导者，但如果过于专注，忘了成长和进步，也会很快从领导位子上被淘汰下来。

每个人都有弱点，它常常成为专注的敌人，因此，要花一点精力来克服自己的弱点。弱点无法完全避开，比如，一个领导者的写作水平有所欠缺，工作很繁忙，没时间提升自己的能力，就可以采取授权的做法，让助手或秘书完成这项工作。

你专注了吗？你的专注程度究竟怎么样？可以通过一个小测验检查一下。

❶你在看书或写东西的时候，是否不打开电视机或音响设备？

❷在办公室工作的时候，你是否尽量长话短说，尽量避免闲话家常？

❸你的口才不错，但写作水平很差，为了弥补这一点，你减少交际应酬，将更多的时间用来提高写作技巧？

❹虽然很多下属或同事无可救药，但你是否还花很多时间找他们谈心？

❺在与朋友见面聊天时，你是否经常看着对方？

❻别人刚讲完一句话，你是否能复述出来？

❼你很少或从来不将钥匙忘在家里吗？

❽你是否经常因为滔滔不绝的讲话，而忽略了朋友的存在？

❾是否能将工作的出错率控制在很低的水准？

❿在观察一幅画时，是否能记住大部分内容？

对于以上问题，如果回答"是"的在 4 个以下，那就说明你不是一个专注的人，需要努力提高；如果在

4～7个之间，说明你的专注程度一般，如果要做领导者，还得加强；如果在8个或8个以上，说明你的专注程度已经很不错了。

六、信念是暗夜的明灯

小时候读《西游记》，觉得最了不起的是孙悟空，最可爱的是猪八戒，最劳累的是沙僧，独独不喜欢唐僧。他最无能、最麻烦，还经常婆婆妈妈的，占据着领导者的位子，不时对孙悟空念一阵紧箍咒。

长大后，渐渐明白，这个师父的领导位子交给任何人都不合适。孙悟空本领强大，但动不动就赌气；猪八戒凡心未褪，时常想回高老庄；沙僧唯唯诺诺，没有主见。只有唐僧，具有坚定不移的信念——不取得真经誓不罢休。

去西天的路途遥远，充满艰难险阻，团队也遇到多次九死一生的困难，孙悟空当了逃兵，猪八戒叫嚷着散伙；但是，唐僧具有坚定的信念，这种信念感召着孙悟空及其他弟子，团队一直没有解散，坚持走到了西天，取得真经。

《西游记》告诉我们信念对于事业成功的重要意义。它像黑暗中的明灯，指引我们摸索着前进，直到胜利的彼岸。在正确的信念下，才能产生强大的力量。正确的信念，对领导者非常重要。领导者有了坚定必胜的信念，才能对自己的事业保持执著的精神，不达目的誓不罢休；有了信念，个人潜在的能力会激发出来，排除一切困难，取得最后的胜利。

信念有多种，坚持好的信念才有助于成功。有人总结很多成功的经验，发现很多共同的优秀信念。比如，我是最棒的。无论在任何时候都坚信自己是最好的，有了这种信念，就可以不顾一切地追求卓越，让自己做到最好。有了这种状态，成功还会遥远吗？

态度决定成功。这种信念会将外界的苦难看得很轻，相信自己能够战胜一切困难，取得成功。有了这样的信念，弱不禁风的唐僧才敢一个人踏上漫漫西行之路。温斯顿·丘吉尔从小就有口吃症，长大后越来越严重，连平常与人交谈都很困难，但他相信自己绝对能够战胜口吃，于是他坚持训练，包括口含鹅卵石面对大海说话，经过不断的努力，他不但克服了口吃的毛病，还成为伟大的演讲家。信念让丘吉尔战胜了生理上的缺陷。

未来总比过去好。这是一种乐观、必胜的信念，这样的人坚信明天会更美好，因此不断地努力奋斗，追求更加幸福的生活。他们一刻也没有停止前进，一直朝着目标努力，最终获得胜利。美国钢铁大王卡内基的信念多半来自于母亲，出生于英国的卡内基一家受到工业革命的冲击，穷困潦倒，不得不奔赴美国寻求生存。他们经济拮据，甚至凑不够去美国的船费。在最困难的时候，是母亲坚信只要努力就会有希望，于是她去同学那里借钱，去美国的亲戚那里哀求，终于渡过了难关。这些对生活执著的信念，对卡内基的影响很大。

只要方法得当，一切都是可能的。有这种信念的人，永不服输，他不认为自己没有能力，也不相信什么命运，他永远不停止前进的脚步，他相信自己之所以一直没有成功，是因为没有找到正确的方法。正如爱迪生一样，哪怕试验一万次，也不会放弃努力，有了这样的信念，他才能留下那么多的发明。但是，某些人却不是这样，他们没有坚定的信念，一旦失败就寻找种种借口，比如，自己没有好的经济基础，没有好的身体条件，等等，根本不从方法上找原因。这样的人根本不可能成功。

山不过来，我就过去。这句话似乎有点禅宗的味道，其实包含一个简单的道理：幸福和成功不可能从天上掉下来，一切都必须要自己去争取。那种坐享其成的想法只能是信念的绊脚石，无法让自己坚持朝理想的目标奋斗。既然没有免费的午餐，我们为什么不自己努力，追求成功呢？

每天取得一点进步。绳锯木断，水滴石穿，讲究的是持之以恒的重要性。信念坚定的人相信，只要努力，每天都会取得一点进步，每一点进步都接近成功。同时，也只有抱着每天取得一点进步的信念，方能坚持不懈地朝目标前进。没有这种信念的人不重视日常积累，天天梦想有朝一日能一举成名，做了一辈子的梦，结果什么都没有实现。

每个人都能成功。在他们看来，成功并不是幸运儿的专利，我之所以没有成功，只是努力不够或者条件不具备，成功迟早都会到来的。在影片《阿甘正传》中，阿甘是一个智商只有 75 的低能儿，遭受同学的捉弄，后来他服役去了越南。虽然貌不惊人，但阿甘具有坚定的信念，坚持好好地生活，生活最终给了他丰厚的回报。

越南战争结束，阿甘回到美国，心爱的女友堕落了，但阿甘没有颓废下去，而是坚持"说到就要做到"的人生信条，不断努力，他不但结识了很多名人，还告发了水门事件的窃听者，作为美国乒乓球队队员访问中国，为中美建交立下了功劳；猫王和约翰·蓝侬这两位音乐巨星也与他交往；他还经营捕虾成了一名企业家，并成立了自己的公司。辞去公司职务后不久，他突然开始奔跑，横穿了美国，又一次成了名人。阿甘跑步不需要理由，就像他对信念的一贯坚持，就如他对爱人的思念。影片获奖了，阿甘的名言："人要往前看，千万不要被过去拖累。我想我跑步就是这个意义。"似乎还萦绕在耳边，这就是信念的魔力。

七、打开智慧之门

我们常常讲领导智慧，并不仅仅指领导者的智力或智商，也不只展现在某个方面，而代表了领导者的综合素质。它是领导者个人风格的呈现，大到一个团队的灵魂，小到员工的思想工作，无所不包。

虽然智力和智慧都是分析、认识、处理问题的能力，但两者还是有区别的。智力似乎只是一种技术层面上的能力，只要求按照规定将任务完成，把事情做好；而智慧就不一样了，它可以总结规律，处理事情发展过程中很多不确定的因素。领导者需要智力，但更需要智慧。一个人智力高，很聪明，可以解决很多常人解决不了的问题，但他不一定有智慧；智慧是具备智力的前提条件之后的深化，表现了一种娴熟处理事情的技巧和能力。

柯林从小就很聪明，在大学里品学兼优；毕业来到公司上班，将聪明才智都运用到业务上，很快就超越了同事，获得公司总部的奖励。

不久，他所在的部门副经理离职，急需要一名人员来补充。在柯林和同事的眼里，这个副经理的职位都非他莫属。一个月的考察期过去了，柯林却意外地落选了。

事后，公司人力资源部对柯林的结论是，智力很高，但没有领导智慧。并列举了他平常工作的种种情况，比如，只考虑自己的业绩，而不考虑公司的总体利益；仅仅追求自己的进步，而没有估计团队的共同进步，等等。

由此看来，作为一个领导者，智慧比智力更加重要。每个人都应该在实际生活中，不断地将智力转换成智慧。在工作中，很多人都很努力，也很用心，急于用"业绩"来突出自己，取得上司的好感和同事的认可；但实际上，除了展现智力外，在工作中认真学习和思考，将自己融入不断发展变化的实际生活，锻炼为人处世的智慧，更显得至关重要。

韩国 LG 公司注重对人才的培养，更重视对领导的培养和考察。公司的人力资源管理部门将领导者分为"程序型"和"智慧型"，分别给予不同的对待。

公司将"程序型"的领导者安排到生产部门，他们能带领员工按部就班地完成工作任务，将产品不折不扣地生产出来。如果将"智慧型"领导者安排在这种职位就显得有些浪费，公司着重发现领导者的"智慧"特质，并将其安排到行政管理、市场营销和产品研发等部门；他们在完成规定的工作任务之外，能够启动智慧机器，带领员工进行大胆创新，在行动中贯彻自己的意图，在工作中展现自己的个性。这样的领导人才经过一段时间的锻炼，往往被委以重任，成为某个地区的主要负责人。

社会需要程序型的领导者，更需要智慧型的领导者。智慧型的领导者，或者说领导智慧，并不是每个人天生就有的；管理是一种艺术、一种才能，需要通过后天的培养，领导智慧也同样需要培养和学习。领导者应该努力学习，主动打开智慧之门，提高自己的领导素质和管理才能；塑造独特的"领袖气质"，获得出色的管理能力，便可以获得领导事业的成功。

那么，如何打开智慧之门，培养和提高我们的领导才能？领导是对人的工作，在行为过程中必须对人发号施令；如果要实施领导才能，必须让别人乐于和我们合作，支持与帮助我们的发展。要做到这一点，不是低姿态地祈求别人的同情，而是培养特质，塑造自己与众不同的领导风格，让自己成为一个受大家欢迎的人。

美国金融大亨 J. P. 摩根脾气暴躁、不可一世，经常咄咄逼人地面对对手，但还是有很多人尊敬他，心甘情愿地接受他的领导。除了他为自己奠定的垄断地位之外，个人魅力也是非常关键的因素。

在长期的金融投资活动中，摩根养成了雷厉风行、克己敬业的风格，让身边的人敬佩有加，让对手也不得不佩服。很多年过去了，关于摩根的领导智慧和处事风格还被后人津津乐道。

要做好一名领导者，必须经常和下属谈心，建立充分的互动。在与下属交换意见的过程中，要从他们的立场、处境设想问题，通过对他们的理想、生活方式、家庭情况等方面的认真分析，进而在设定工作、安排任务等方面，都尽可能从他们的实际情况出发；还要学会换位思考，要站在员工的角度想一想，如果我是他，应该怎么办？如果他是我，会让我做什么？多思考几次，不断调整领导风格，会发现，员工已经悄悄地发生变化，每个人都按照领导者希望的方式去工作和生活。

领导智慧还表现在尽可能周到、全面地考虑问题，要从人本主义的原则出发，尽量去掉自身领导意识中差强人意的方面和环节，找到最符合人性的方法。近年来，全球企业界似乎都在推崇"人性化管理"，实际上，真正全面提高领导智慧、实行人性化管理的领导者却并不多。很多领导者都按照自己的方式发号施令，认为员工的智慧都不及自己，他们都在自己的安排和智慧下展开工作；在处理一件事情，特别是用人的时候，并不三思而后行，却常常出现违背人性的现象；很多领导者没有真正关心员工，认为只要能提高工作效率，为企业创造财富的就是好员工，很少有人关心员工的生活和爱好；很多领导者没有进取心，对自己或员工的标准太低，对自己的处事方法并不加改进。

领导智慧还可以从思考中得来，忙碌似乎是当今领导者们的通病，他们很少有时间单独思考。不思考就无法沉淀智慧，不思考就无法升华人格，一个出色的领导者必定是一个善于思考的人。

第三章　修炼性格，矫正航向

一、像大海一样内敛

著名作家马克·吐温被誉为"美国文学中的林肯"，有一次，他受邀参加美国中部一座城市的庆祝活动；一同乘坐列车抵达的还有一位歌星。只见歌星刚下火车，便被层层包围了，热闹的欢迎仪式结束后，歌星立即被前呼后拥地送上马车。而马克·吐温被孤零零地抛弃在站台上，很久才有接待的马车前来载他前往宾馆。

随从很不满意，准备找接待部门理论。马克·吐温连忙拦住他，说："我和歌星从事的工作不一样，他们是面对大众表现，而我是面对纸张，因此我不需要热闹的欢迎仪式。"

幽默的马克·吐温养成了内敛的性格，早已看淡人世的各种虚华。这或许就是歌星和作家的区别，歌星需要张扬，一旦内敛、淡出大众视野，歌星就慢慢地不值钱了；而作家却和美酒一样需要窖藏，越是孤独和寂寞，越容易写出好的作品。

作为领导者，究竟应该张扬还是内敛呢？有人说，21世纪是个人主义的世纪，过于内敛，没有广告效应，不利于个人发展。于是，很多领导者将自己塑造成为企业形象代言人，频频出现在各种媒体上，穿梭在各种场合；诚然，这样的领导者能给企业带来生机和活力，带来品牌和示范效应。但实际上，领导者的时间是非常紧迫的，他要带领企业向未来努力，那些浮华的应酬必然会耽误时间和精力，对企业管理没有实际作用；尘世的喧嚣会干扰领导者的思考，让他被种种表面现象蒙蔽，无法安静地思考和展开管理。

宝马公司的老板柯万特家族一直非常内敛，家族的很多人都可以跻身全球富豪榜前列，但他们都居住在德国小镇的城堡里，过着深居简出的生活。

这不但是家族的传统，也是企业管理的需要。家族发言人说，只有远离媒体，远离大众视线，才能心平气和地思考，为企业的经营管理出谋划策。

有了这种内敛，家族世代延续，长盛不衰；宝马汽车一直坚持高档路线，保证优异的品质。

看来，对于领导者来说，内敛是非常必要的，内敛的人能够经常自我反省。古人云："吾一日三省吾身。"

注重个人宣传的领导者没有时间，也不会虚心地自省，他高高在上，认为自己的决定和指挥永远正确；即便出现问题，也会找到很多理由和借口。长此以往，不但不能提高自身能力，还会拒人于千里之外，影响领导力。

李健熙先生非常内敛，他将很多时间用在思考和自省上。他常常离开众人的视线，一个人坐在别墅的客厅里，对着远山发呆，一坐就是几天。此时，他可以安静地思考公司的远景规划，检讨企业发展中出现的问题，反省自身生活和工作中存在的缺陷，进而保证今后的健康发展。在这种内敛和自省的前提下，李健熙先生才能够不断成长，最终成为一个优秀的企业家，三星集团才能克服重重困难，屹立于世界企业前列。

内敛的领导懂得"舍弃"。作为领导者，特别是大公司、大团队的领导者，涉及的事情太多，有很多东西确实难以放弃。金钱和美女的诱惑、名声和地位的吸引，等等，且不说这些，单单生活中很多琐碎的事情，就让领导者大伤脑筋。个性张扬的人，不想放弃任何一个机会，希望面面俱到，将每一个环节都做好，将每一个有利的事情都收入囊中。一个人的精力有限，时间短暂，如果不懂得内敛和舍弃，就无法专注于一点，获得事业的成功。

卡内基先生是一位懂得舍弃的人。为保证钢铁事业的顺利进行，在去欧洲考察的前夕，卡内基先生毅然低价卖掉了几个公司的股票。伙伴们大惑不解，卡内基说，只有放弃这些无关痛痒的东西，才可以专心致志地做好钢铁事业。事实上，卡内基割舍掉一切无关的东西，专注于自己的事业，最终成为钢铁行业的老大。

可见，领导者要学会内敛，具备壮士断腕的勇气和决心，将那些影响主流发展的东西大胆割舍。内敛是一种深厚的涵养，代表着成熟，是大智若愚、大道若虚的表现。表面的收敛，无法掩盖雄厚的实力和远大的志向。

日本电子企业索尼公司董事长盛田昭夫曾经是一个非常张扬的人，他带领索尼公司全体员工高速发展，迅速赶上并超过美国企业，其产品迅速占领了欧美市场。盛田昭夫面带微笑的面庞和超级明星玛丹娜紧紧靠在一起，出现在纽约的闹市区。那时候的索尼公司和盛田昭夫可谓出尽风头，他的张扬代表着战后日本人民的扬眉吐气，激励着日本国民和企业奋发图强。

到了后期，索尼公司更加迅速发展，跃居世界企业前列。但盛田昭夫却越来越内敛，很少在公众场合露面，变得像一位慈祥的长者。

此时的索尼公司比发展时期更为强大，却不事张扬，就和盛田昭夫一样，如一位淡泊的长者，看似从容，却蕴藏着强大的动力和发展态势，全球无人敢予以小觑。

内敛是人生的一种至高境界，并不是每个人都能够做到。一个成熟的领导者是内敛的，一个成熟的民族也是内敛的。很多外国人对我们的生活习惯感到不可理解，比如，在公众场合大声打移动电话，疯狂地挤地铁或公共汽车、一些企业领导者动辄对着手下大发雷霆……在欧美、日本等发达国家，很少出现这些情况。这些国家的人民举止从容，气定神闲，虽然人流涌动，却悄无声息，都脚步匆匆地前行。

这一切都是文明的展现，是成熟的作风，是内敛的表示。

二、外向扩大交际

"外向"与"内向"是两种不同的性格，在人身上展现出根本的区别，常人都能看出来。我们在对一个人进行评价时，也常常说他性格外向或内向。在一般人看来，外向型的人开放，能够很快和陌生人成为朋友；开朗、乐观，笑声不断；热心肠，喜欢帮助别人，也希望得到别人的帮助。内向型的人喜欢将自己封闭起来，不喜欢和陌生人甚至旁人打交道；别人不大清楚他们在想什么，他也不喜欢别人搞清楚；他们胆子很小，不喜欢新事物；害怕突破，不喜欢创新；有点忧郁，整天郁郁寡欢；不主动帮助别人，主张凡事用自己的力量解决。

其实，内向和外向的根本区别在于对待别人的态度。每个人心中都有一种欲望，这种欲望表现在外，就是"外向"；表现在内，就是"内向"。外向的人对外

界表现积极主动，内向的人对外界表现消极被动。外向
型的人能够与对方一起想问题，采取措施；在做任何事
情的时候，都以对方的利益出发，优先考虑；外界情况
对这种人的影响很大，可塑性强。而内向的人一般不为
外界诱惑所动，我行我素，用自己的方法解决问题。

那么，在一般人看来，演艺界的人性格外向，而科学研究
工作者比较内向；领导者大多外向，不求进取的一般员
工可能性格内向。但事实上，性格表现在每个人身上是
非常复杂的。比如，韩国三星集团前会长李健熙，一方
面他呆若木鸡，很少与外界接触；另一方面，他又是一
个大集团的领导者，能够面对广大群众发表演说。如此
种种，就很难说他的性格是外向或内向。

那么，究竟如何判定一个人的性格究竟内向还是外
向呢？通过以下表格，可以大致做出判断：

内外向性格调查表

序号	题　　目	是	否
1	面对众多意见，能独立判断并采取行动		
2	崇尚快乐，不知道悲观为何物		
3	喜欢安全、平定和悠闲的生活		
4	能充分信任身边的人		
5	为至少五年以后的事情做出打算		
6	情愿一个人待在办公室，而不愿意参加团体活动		
7	能在大庭广众中做事，不表现出怯场		

续表

序号	题　目	是	否
8	经常做同样的工作而不感觉乏味		
9	对聚会没有多大兴趣，觉得和个人相处没有区别		
10	面临重大决定时，一般要做出充分的思考		
11	不轻易受外界影响，喜欢独树一帜地创新表现		
12	对热闹的活动很感兴趣，一个人坐不住		
13	工作时喜欢别人在旁边观看		
14	对单调乏味的工作充满厌倦		
15	是一个节省的人，可以不花的钱情愿不花		
16	很少对自己的行为动机做出思考		
17	经常做梦，产生一些稀奇古怪的念头		
18	对自己拿手的事情，希望别人看到		
19	任由怒气爆发而不加以控制		
20	工作状态因为有人赞赏而得到改变		
21	对兴奋紧张的工作充满兴趣		
22	经常回忆自己的过去		
23	喜欢出人头地，当民意代表		
24	能够在公开场合进行滔滔不绝的演说		
25	经过不懈的努力，最终能让梦想成为事实		
26	对信件的书写和送达很讲究		
27	是个粗线条的人，做事一点都不细心		
28	草率做出决定		
29	能将强烈情绪表现出来		

续表

序　号	题　　目	是	否
30	个性直率，不注意细节问题		
31	待人接物小心翼翼，生怕犯错		
32	对很多事情都疑神疑鬼		
33	不认真思考就轻易相信别人所说的话		
34	能够与观点不同的人保持联系		
35	对实际工作很有兴趣，不愿埋头读书		
36	喜欢读书，但不深入钻研		
37	宁愿和别人聊天，而很少写私密日记		
38	能够在众人之中保持安静，不哗众取宠		
39	很多行动都是迫不得已而为之		
40	宁愿展望未来也不回想过去		
41	经常为工作制订计划		
42	不喜欢老待在一个职位，经常改变工作		
43	不勇于承担责任，遇到麻烦就逃避		
44	对谣言从不掉以轻心		
45	很容易相信别人		
46	对不太熟悉的人一般不轻易信任		
47	对自己思考得少，对别人琢磨得多		
48	寻找热闹的地方度过假期		
49	不容易固定意见		
50	对任何交际场所都没有兴趣		
总分			

回答"是"的越多，表示被测试人的性格越外向；反之则越内向。

性格内向和外向只是性格的一种分类，并没有孰优孰劣之分。并不是所有性格外向的人都善于交际，也不是所有性格内向的人都沉默寡言，不喜欢交际。因此，可以认真把握自己的性格，发挥自身优势，不断扩大自身性格中外向的部分，扩大自己的交际范围和交际人群。

内向性格并不是不良性格，也不会成为交际的障碍。因为性格本身没有好坏之分，无论是内向性格或外向性格都既有优点，又有不足之处。因此，不同性格的人在各自的人际交往活动中，必然会产生截然不同的交际效果。性格外向的人朋友很多，性格内向的人朋友较少，但性格内向并不妨碍他们交际能力的提高。

性格内向者应该努力发挥自身优势，扩大交际。性格内向的人，很多时候都沉湎于个人世界里，他们对外界事物有着独特的、踏实的、耐心细致的思考，待人接物也更常表现为谦和、文静，这些都是他们的优势；一旦发挥得好，就可以扬长避短，提高交际能力，扩大交际圈。在女人成堆的保险公司里，丽娜是一位文书工作者，工作一贯兢兢业业，默默无闻，奇怪的是，很多人都将她视为好朋友。

原来，在勾心斗角的竞争场上，与世无争的丽娜给很多人提供了倾诉的机会，那些在外面受到伤害的、身心疲惫的人，都喜欢和她交往。设想，如果丽娜也是一个性格外向者，她还会拥有这么多知心朋友吗？

三、宽容与忍耐

作为领导者，不管是为人处世，还是经营管理，都必须展现出性格中宽容与忍耐的一面。宽容，是对有过错者或有损自身利益者的原谅和饶恕，宽宏大量，不予计较，不追究责任，忍耐代表一种成熟，它善于将痛苦、烦闷等需要爆发出来的情绪抑制，自己默默地忍受，不给外界压力。一个领导者既要宽容下属，还要宽容对手；既要忍耐压力，忍耐冲动，还要忍耐漫长的等待。

杨佳韦是某食品公司的销售部经理，算是公司的资深员工，工作能力也比较强，深得老板的器重。

中秋节快到了，食品公司上下都在为月饼销售拼搏。正在这时，杨经理发现，本市员工最多的企业之一某电子公司的订单被对手夺去了。心急如焚的他发现，原因之一是手下的一名员工送样品迟到了，耽误了宝贵的时间。杨经理一气之下，开除了这位员工。这名员工的销售业绩本来比较好，这下子带走了很多订单，让杨经理手忙脚乱。

月饼销售大战结束后，公司召开总结大会。老板对本年度的月饼销售很不满意，就拿杨经理开刀，问他为什么在关键时刻，没有征得上级主管的同意就撤掉"大将"，造成公司的严重损失。

杨经理一时气不过，立刻站起来辩解，并陈述了自己这样做的诸多理由。老板肯定不能忍受，马上火冒三丈。最后，两人闹翻了脸，为了这件事情，多年的合作关系破裂了，杨经理辞职走人。

这件事情就展现了一个宽容和忍耐的问题。首先，作为销售经理的杨佳韦没有学会忍耐，月饼大战期间，销售部承担了巨大的压力，作为主管经理的他肯定不好受，一旦没有充分的忍耐力，就会寻找发泄的出口，而那名员工就充当了出气筒；加上杨经理不够宽容，就将其辞退了。辞退员工是可以的，问题是他没有按照正常的程序来办，并且是在大敌当前的情况下赶走爱将，他的做法确实欠妥。

在事件的进一步发展过程中，可以看出老板也是一个没有忍耐力和宽容心的人。经过了这么多年的风风雨雨，一个是老板，一个是销售主管，都这么互相合作走过来了，有什么不能忍耐和宽容的，非得在大庭广众之下伤了老杨的面子，并且在他提出辞职的时候根本不加挽留呢？

但是，归根结底，还是杨经理的问题。作为一个公司的中层领导者，更要学会忍耐和宽容，因为他夹在老板和员工之间，要承担很大的压力和委屈，在利益受到损害的时候（公司销售受阻、受到老板批评）更要学会忍耐和宽容。俗话说，忍字头上一把刀。忍耐是很难受的事情，但是，退后一步海阔天空，忍一时之气，未必不是大丈夫。

有人会说，一味的忍耐是懦夫的表现，很多人一辈子就知道忍耐，不懂得珍惜自己，将所有的委屈吞下去，把一切的痛苦藏起来，这不是宽容，是活得窝囊。把心头的气发泄出来，不但对身心健康有好处，还会活出率真的人生风范！

第二次世界大战中，德军步步进逼，横扫整个欧洲战场，英国采取了忍耐的战术。伟大的丘吉尔知道，战火没有燃到自己的国土，他无法发动保守的英国人反击法西斯；时间不充足，英国还没有做好全面的准备。于是，他号召全民防御，采取忍耐政策，当德军的飞机将炮弹扔到英伦三岛的上空，整个伦敦一片火海的时候，丘吉尔和英格兰民族再也忍受不住了。于是才有英国的参战，才有诺曼底登陆，才有欧洲战场的胜利。

可见，忍耐绝对不是无条件的退缩和避让，它展现了一种圆熟的人生哲学和老练的社会手段。什么时候该忍耐，什么时候该反击，必须选择好恰当的时机，方能获得成功。

在领导素质中，忍耐和宽容是相辅相成的。有了宽容的心态，才能忍耐；有了忍耐的力量，才能充分宽容。十几年前，李健熙带领三星集团投资汽车产业失败，出现了巨额的亏损，紧接着又是亚洲金融风暴，公司面临裁员、减薪等一系列困难，三星很多的职工包括中高层管理人员纷纷指责李健熙的错误做法，韩国媒体也对李健熙责难有加。此时的李健熙知道，必须忍耐和宽容，员工和媒体是本着为三星着想的出发点，发出以上诉求的，他必须承担损失。因此，他自掏腰包，弥补了公司的巨额损失，绝口不提自己的委屈。

为三星集团做出决策的，并不是李健熙一人，它后面有一个庞大的智囊团和董事会，事情发生后，李健熙完全可以为自己开脱责任，回应种种非难，但是他没有这么做。从李健熙身上，我们看到了什么是忍耐和宽容，真正的宽容是从善良的角度出发，本着为他人利益考虑，真正体谅对方、理解对方，而采取圆熟的应对技巧。

上文中说到的杨佳韦经理和老板都没有真正学会宽容，如果懂得宽容，杨佳韦绝对会忍一时之气，不和老板当面顶撞，过些时候再向老板做出解释，这样老板还会辞退他吗？而老板如果是一个宽容的人，一定会三思而后行，不会轻易辞退自己的老搭档。

由此可见，宽容的领导者才是老练的领导者，他们懂得如何化解矛盾，疏导误会；他们将忍耐当成一件理所当然的事情，永远保持乐观主义的心态；面对问题，他们积极主动地想办法，利用智慧和勇气走出眼前的困境。懂得忍耐和宽容的领导者就像大海一样，深不可测，似乎任何人都可以在他的身上行驶，但他也可以在一定时候将不满意的人掀翻。

学会忍耐和宽容吧，任何人都喜欢大海的宽广和美丽，但任何人也不敢轻视大海的威力。

四、把握豁达的人生艺术

豁达既是一种人生态度，更是一种人生艺术；豁达的人必定心胸开阔，性格开朗。豁达的人可以获得善意的建议和无私的帮助，豁达的人可以化解矛盾，让对手成为朋友。

由此可见，豁达不仅是常人必备的生活技巧，更是领导者需要具备的基本技能。世界首富比尔·盖茨非常欣赏和推崇豁达，他将豁达当做成功的最高境界，他认为，豁达是一种宽松的状态，豁达是忘却痛苦的最好方法，豁达意味着宽广的胸怀和巨大的宽容心。微软公司一直走在全球软件行业的前列，经常遭受反垄断的起诉，需要应对各种压力和竞争，如果没有豁达的人生艺术，盖茨可能早已垮掉了。

比尔·盖茨创造了人类有史以来最精彩的财富神话。在对待财富问题上，比尔·盖茨非常豁达，早在1999 年，他就对媒体宣布，计划在有生之年捐出 1050 亿美元财产，主要用来帮助那些遭受艾滋病和疟疾困扰的病人，致力于改善信息科技和医疗方法。他只给两个孩子各留下 1000 多万美元的财产，用海量的捐献证明自己的豁达。

盖茨的豁达还表现在日常生活中，他在公司里领着几十万美元的年薪，出差从来不坐头等舱，也不开豪华轿车。他喜欢穿着牛仔裤和 T 恤，不带随从，行李也很少。用他的话来说，就是一个不折不扣的"知识工人"。

豁达的领导是非常开朗的，在他们的脸上看不到愁云和怒气。他们永远带着微笑，保持谦和，在他们的身上，你永远看不到失败和痛苦。

豁达的人可以远离困难和烦恼，获得精神的解放。世界美容化妆王国雅诗兰黛的创始人雅诗·兰黛女士，从少女时代就开始走上街头推销化妆品，长期的推销生涯养成了豁达的人生态度。

结婚后，兰黛女士和丈夫度过了一段快乐的时光，但渐渐地，在事业单位上班的丈夫并不赞同她的事业，因为一些分歧，两人分道扬镳。对于女人来说，拖着孩子的孤苦生活是很难过的，但兰黛女士始终保持豁达乐观的生活态度，她一度来到迈阿密海滩，向在那里度假的富家小姐或太太推销自己的产品，甚至还认识了对自己一生都有帮助的香水大亨。

不管生活如何苦难，遭遇的挫折有多大，兰黛女士始终都能保持迷人的微笑，让她的产品具有亲和力，让雅诗兰黛最终成为世界上最美丽的事业。

日本企业家、西武集团的创始人堤义明先生是一位豁达的领导者。有一天，时任集团老板的堤义明发现公司总部的一个年轻人气色不佳，好像有什么心事。

下班后，堤义明将这个叫松下的年轻人约到东京的一家小酒馆喝酒，几杯酒下肚，并不知道对方就是老板的松下终于打开话匣子。

"我对西武非常崇拜，很想成为它的员工，在里面实现自己的理想；但是我却发现这里不能实现自己的理想，特别是顶头上司课长，不但是个无能之辈，还经常对我指手画脚，处处限制我的行动。在我看来，整个西武都是由这些平庸无能的人组成的，真不知道再做下去有什么用？"

松下的话让堤义明非常震惊，但他不动声色，继续喝酒，并答应为这个年轻人调换一个适合他的工作。这次谈话后，堤义明并没有立即对那位课长进行惩罚，也没有在会议上大发雷霆，而是进行了影响深远的人事管理制度改革。那就是，允许员工们根据自己的实际情况更换自己的工作。

领导者只有具备豁达，才能拥有博大的胸怀和超然洒脱的态度。豁达开朗是宽容的前提，豁达的领导者能对下属不同的看法、言论加以理解和尊重。不轻易把自己的判断标准强加给别人，而是给下属创造宽容的环境，发挥他们的创造力；更尊重下属的选择，给他们自由思考的权力。豁达的领导者自然树立谦虚的美德，也能保持兼收并蓄的雅量。

一个豁达、开朗的领导者善于与他人相处，能看重别人的长处和优点，能被他人所理解和接受，具备良好的人际关系，有利于创造一个良好的团队。

很多人都在使用玛丽·凯的产品，但很少人知道，这家美国化妆公司的创始人兼董事长玛丽·凯女士居然是一位退休妇女。

生活中接连不断的灾难，让玛丽·凯自小养成豁达的性格。父亲很早就重病住院，年仅七岁的玛丽·凯要照顾爸爸并做饭，为了做好饭，她不停地打电话问妈妈。在妈妈的鼓励下，玛丽·凯自小就对生活充满信心，并拥有了豁达的心境。

二十七岁时，玛丽·凯第一任丈夫有了外遇，给她留下了三个未成年的孩子。此时，她没有工作，没有任何积蓄，更没有经济来源，生活似乎没有一丝阳光，但是，玛丽·凯豁达地对待眼前的困难，决定用双手改变自己的命运。

后来，她找到一份直销工作。她以豁达的心胸对待竞争对手和顾客，一段时间后，她以优异的销售业绩获得了2.5万美元的年薪，并不断获得晋升。总经理对女性的偏见、男同事对他们的排挤……都被她豁达的心胸所化解；她一路走来，将孩子们都抚养成人，找到了稳定的工作，便在四十九岁时退休回家。

退休后的玛丽·凯，开始筹划后来享誉全球的"玛丽·凯化妆公司"。虽然只有9名员工和小小的店面，但她以生性的豁达、与众不同的经历和丰富的工作经验，激励她的员工和顾客，开业不久，公司便赢得了信誉，不断发展壮大。今天，公司业务遍布全球 36 个国家及地区，全球拥有美容顾问 75 万人，公司销售额超过 2 亿美元。

豁达让玛丽·凯渡过了人生的难关，创造不朽的神话，还为世界慈善事业奉献自己的力量。

五、让坚韧成为一种习惯

坚韧是一种生活习惯，可以帮助人们克服很多看似不能完成的困难；很多困难貌似坚不可摧，其实是我们不够坚韧。美国实业家、美孚石油公司创办人约翰·洛克菲勒认为，在所有品格中，没有比坚韧对于成功更关键的因素了。坚韧几乎战无不胜，即便对手是大自然。

没有坚韧，家境贫寒的洛克菲勒不可能成为美国的石油大亨。他的成功在于能够坚韧不拔地专注于事业。出生于美国东北部农村家庭的他，幼年时，就将别人送给他的一对火鸡喂养成群，销售获利。他对任何事情都没有兴趣，唯独赚钱。他二十三岁时就投资炼油业，第二年就与他人合资建立一家大炼油厂。后来创建美孚石油公司，公司不断扩张，吞并炼油厂，控制主要输油管及油车，接管铁路公司，在 19 世纪后期，便成为美国历史上第一个托拉斯企业。

很多人这样评价洛克菲勒：异常冷静、精明，富有远见和独有的魄力与手段。但洛克菲勒却认为，是坚韧让他成功，他说："如果把我剥得一文不名丢在沙漠中央，只要一行骆驼队经过，我就可以重建整个王朝。"他的坚韧不但表现在商业经营上，还展现在个人生活中。他是一个虔诚的基督徒，严格遵守各种规矩，不喝酒、抽烟和跳舞。除了骑马，富可敌国的洛克菲勒与那些超级富翁不一样，他对购买庄园、艺术品和游艇没有兴趣；他将金钱投资于铁矿、煤矿、铁路、保险公司、银行和各种类型的生产企业，使自己的财富不断膨胀，退休后，又将有限的精力投放在慈善事业上。

洛克菲勒的坚韧成为一种习惯，并在家族中世代传承。崇尚节俭和热衷创造财富，成为家族世代遵循的宗旨，这两点都离不开坚韧。

洛克菲勒家族的第三代传人劳伦斯·洛克菲勒从父辈手中接过了财富大门的钥匙，他不但没有富豪子弟的作风，而且更兢兢业业于商业投资，开了风险投资的先河，为美国的环保及慈善事业做出让祖父无法企及的贡献。这些都与劳伦斯童年时代受到的家庭教育密切相关。为了让坚韧在后辈身上成为习惯，老洛克菲勒鼓励孩子们靠劳力赚钱，扫地、擦鞋、抓老鼠、劈柴、洗衣服等家务劳动，都以现金计酬；劳伦斯很小的时候甚至饲养兔子卖给科学实验室，换取零用钱。

坚韧的生活习惯世代继承，洛克菲勒家族一直都保持勤俭的美德，时刻检查每个人的支出，严格抵制跳舞和酗酒，信仰宗教，并保持节约。

每个人身上都有阻碍成功的各种要素，如何趋利避害，改掉影响成功的不利因素，重要的条件就是必须具备一种品格——坚韧。改正自己，不断地获得进步的动力，来自于高度的自觉；正如洛克菲勒家族一样，自觉的节约、自觉的信仰宗教，等等，这种自觉依靠坚韧来保证，长期自觉地坚持，就会养成坚韧的习惯。

事实上，很多东西在阻碍我们良好习惯的养成；追求成功，正如运动一样，都是在向一个人的极限挑战。二十岁，看不到成功的影子；三十岁，成功依然模糊不堪；四十岁、五十岁……身体筋疲力尽，心理不堪重负，有的人选择了放弃，有的人选择了坚持，后者就是坚韧，他最终获得成功。在很多人看来，成就伟大事业的条件无非两点：力量和坚韧。并不是每个人都具有无穷的力量，对于很多人来说，想投资没有资本，想做科学研究没有知识，想做运动员又不具备先天素质。怎么办？唯一能够帮助你成功的，就只有养成坚韧的习惯，不断保持吃苦耐劳的坚韧品格。一旦养成坚韧的习惯，会慢慢收割它带来的好处。实际的情况是，大多数人的力量（包括个人能力、智商、资本积累，等等）都差不多，基本上在同一个起跑线，那些取得胜利的人往往是养成坚韧习惯者。挫折是人人都会遇到的，勇敢者一定会不屈不挠和永不服输，然后采取积极的行动，直到成功的那一天。

对坚韧的最好测试是，是否已经达到目标，是否已经成功。某人或许非常了不起，虽然离制定的目标——成为集团公司的经理，年盈利2000万元——还有一定距离，但与其他人相比，此人已经很不错了，有了自己的房子和汽车，有了老婆孩子；并且，此人是在不名一文的基础上一步步坚持过来的，是否可以说此人足够坚韧呢？答案是否定的，因为连自己制定的目标都不能达到，还谈得上什么坚韧呢！

在成功的道路上，没有人可以一帆风顺，成功之前总会遭遇各种失败。

美国发明家查尔斯·古德伊尔（Charles Goodyear）的父亲是一位农具发明家，虽然他一生很不幸运，却具备坚韧不拔的超人毅力。

年轻的时候，古德伊尔做过五金生意，买卖破产后，不断地与债权人打官司，因藐视法庭被关入债务监狱。在狱中，古德伊尔对橡胶发生了兴趣。虽然当时橡胶作为防水物质，已经成为制造雨衣的原材料，但橡胶对温度的变化十分敏感，天气冷时变得十分坚硬，天气热了就又软又黏。

对化学一窍不通的古德伊尔决心改进橡胶的特性，在狱中偷偷地试验。但得到的只是一次次的失败，他没有放弃，而是全力以赴，百折不挠，直到成功。终于有一天，他不慎将一些混合物倒在火热的炉子上，那些没有烧得太焦的部分，却成了冷时不失去其柔软度、热时仍维持固体状态的橡胶。于是，用高温加热橡胶——硫磺混合物得到硫化橡胶的方法问世了。1844 年，古德伊尔获得了发明专利权；但是，很多前人都尝试采用这种方法，只不过没有推广而已。古德伊尔又以坚韧为武器，开始了维护专利权的斗争。八年过去，他终于获得诉讼的胜利。虽然最终他债台高筑，但他给世人留下了伟大的发现，也获得了后人的尊重，并生产出以他的名字命名的"固特异"轮胎。

由此可见，坚韧是一种制胜的武器，只要我们养成坚韧的习惯向着目标不断努力，就一定能抵达最后的成功。

六、刻苦方能成就

很多时候，一些身有残疾的人常常能够达到正常人不能够达到的目标。其中的原因就是，有残疾的人没有可以依靠的条件，要成功，必须付出比常人多得多的刻苦和努力。所谓穷人的孩子早当家，讲的也是同样的道理。

法国数学家彭加勒，三十三岁就当选为法兰西科学院院士。他却不是大家料想中的天才，经过德国心理学家的测试，他的智商很低，童年时，还患过运动神经系统方面的病症，严重影响了他的视力和书写能力。

学然后知不足，在不断的刻苦努力学习中，他发挥了非凡的记忆力和高度集中的注意力，弥补了自己视力、书写和智商方面的缺陷。

彭加勒视力很差，无法看清黑板上的字，因此也无法记笔记；于是，他刻苦地训练自己的记忆力和超常的注意力，上课时集中注意力全神贯注地听讲，迅速完成记忆，不断地思考，让脑子始终保持高速运转，能够在短时间内完成复杂的计算。

依靠刻苦努力，彭加勒被巴黎综合工科学校破格录取。本来可以顺利地成为一名工程师，但彭加勒将更多的时间和精力花在数学问题的研究上。25岁那年，因为论文优异，被法兰西科学院授予数学博士学位。

通过刻苦研究，彭加勒一生共发表过500多篇学术论文和30多卷著作，其内容涉及数学、物理学、天文学、哲学等众多学科。诚然，在注意力和记忆力方面，彭加勒拥有常人无法企及的天才，但如果没有刻苦的学习和孜孜不倦的思考，他很难取得惊人的成就。

再看看领导者，与常人相比，并不是他们有多么伟大的力量。相反的，有的人甚至先天条件还不如平常的人，但为什么能创造比常人更好的业绩呢？经过对很多领导者的研究发现，他们很多都是"工作狂"，生活非常刻苦。

日本著名企业家松下幸之助先生身材瘦小、体弱多病；智商不高，只有小学文化水平；没有充裕的资金，和家人一起创业时只有几间破房子，常常为吃饭发愁。但是，没有困难能够阻挡他成为一个跨国企业的领导者，原因在于他非常刻苦。

在他看来，任何苦难都不是苦难，而是促成进步的动力。他勤恳地工作，每天工作的时间长达 12 小时，有时甚至达到 20 小时，是个名副其实的"工作狂"。他携带着自己的产品，到大阪地区的每一家电器商店推销，用诚心感动那些经销商。每当公司出现什么困难，大到新产品开发，小到工人出现任何问题，他都事必躬亲，身先士卒，成为员工的楷模。领导者都如此刻苦，员工还有什么理由不努力工作呢？

最突出的例子是第二次世界大战期间，松下公司接受了军方的飞机生产任务；对于一个生产电视机、洗衣机的电器制造企业，要生产出能够上天作战的飞机，谈何容易。但松下在海滩上建立生产工厂，将自己的宿舍搬到工厂里，用了不到一个月的时间研制出样品，然后迅速投入生产。

松下先生被誉为企业管理之神，受到欧美、日本企业界的一致推崇，争相学习他先进的经营之道、管理之道和用人方法，归根结底，都与他刻苦奋斗分不开。

姬兰·马宗达尔—尚恩（Kiran Mazumdar – Shan）是印度土生土长的女企业家。她于 1978 年创立 Biococ 公司，成为印度最大的生物科技公司之一，被称为印度生物科技女王，印度创新之母，其身价达到 4.55 亿美元。

在姬兰身上，充分展现了刻苦的精神，她和很多普通的公司员工一样，曾经是一位优秀的酿酒师，但老板并不赏识她，一气之下，她自己创办了 Biococ 公司。印度人对女性非常歧视，人们对女性创业有天生的不信任，而年仅 25 岁的姬兰除了热情之外，几乎什么都没有。银行不贷款给她，亲人和朋友也不看好她的生物科技产业。

在这样不利的条件下，姬兰并没有知难而退，相反，她摸索到独特的发展道路，不断刻苦努力。上大学期间，学习是她生活的全部；上班之后，工作就是她的全部。她将自己的日程安排得满满的，几乎没有休息和度假，全身心都投入到工作中。因此，她才能带领自己的团队，创造出有别于其他公司的独特发展模式，最终获得成功。年过半百的姬兰甚至没有想到退休，依然孜孜不倦地投入到管理工作之中。

很多人只看到领导者表面的荣耀和拥有的权力，很少探究他们背后的辛酸和痛苦，很少花时间去领会他们的刻苦精神。整天怨天尤人，抱怨没有良好的机遇、没有先天条件，等等，其实，这些都是为自己的不愿刻苦寻找借口，梦想天上掉下馅饼。遇到困难就躲开，贪图安逸和享乐，结果荒废时间，白白地丧失了很多宝贵的机会。

以培养领导人闻名的美国西点军校，所有的训练科目都指向刻苦精神的培养，很多欧洲的皇室成员都将王子送到西点接受吃苦耐劳方面的训练。的确，随着社会的不断发展和进步，越来越多的人过着富足安逸的生活，刻苦几乎成为过去时代的名词。很多人躺在父辈（祖辈）创造的财富堆上，一味地享受生活而不愿刻苦，结果很多家族企业不幸地掉入"富不过三代"的窠臼，最终走向衰败。原因在于，后代没有艰苦奋斗的刻苦精神，遇到困难和挫折就知难而退，这又怎么能够领导一个团队走向胜利呢？

因此，我们应该明白一个道理，那就是：刻苦方能成功。要从小培养刻苦精神，承受各种挫折训练，方能创造别人不能拥有的佳绩。

七、热情萌生创造力

热情是对所有领导者的要求。第二次世界大战期间，德国法西斯横扫整个欧洲，英国人民受到德国空军的轰炸后，情绪低落，军队士气不振，正是首相丘吉尔的热情让英国人民恢复了斗志。"我要用我的泪和汗水来捍卫我的祖国"，作为一位著名的演讲家，丘吉尔用热情澎湃的演说来鼓舞全国人民的士气。

很难想象，一个没有热情的领袖能带领一个优秀的团队。美国通用电气公司前任首席执行官韦尔奇先生推崇热情，并创造了独特的热情管理模式，推行"无边界计划",使美国通用电气公司保持青春活力。在韦尔奇看来,一个优秀的领导者首先必须具备热情,真正的人才也是富有热情的。作为领导者,是进步而不是保守的,是热情而不是颓唐的。他不但要求领导者要有热情,充满生机和活力去管理一个企业,还要将自己的热情影响到每个员工,让员工们都具有勃勃生机。在他看来,一个卓越的领导者必须看重下属的成长,重视他们的创意,培养和爱护他们的热情。

现代社会由一个个团队构成,每一个团队都由若干个成员组成,成员的积极性如何、创造力高低,集中展现在团队的战斗力上。一个优秀的领导者,能够用自己的热情影响员工广泛参与企业的管理活动,让团队永远保持旺盛的热情和蓬勃的生命力,这样的团队是永远不可战胜的。

领导者用热情鼓舞员工,保护员工的积极性,充分展现了企业管理的人本思想。一个富有热情的领导者能够充分尊重员工,在企业内部形成一种积极向上的氛围。员工的热情来自于领导者的关爱和企业文化的影响。当员工遇到困难时,不能一味地责备他们,也不能想尽办法追究某人的过失,一定要号召他们勇敢地面对,积极想办法应对困难。当员工取得成就时,要让他们保持谦虚谨慎的态度,鼓励他们不要满足已有的成绩,要乘胜追击,不断前进。

市场竞争日趋激烈,必须保证旺盛的热情让领导力得以保持。领导的热情很关键，一个没有热情的领导者无法将员工的潜能激发出来，就不能产生管理效益。一个充满热情的领导者能够带动员工的积极性，挖掘他们的潜力，提升整个团队的战斗力。今天，管理学家更将热情提升到企业文化原动力的高度。因此，只有不断激发每个人的热情，让这些能力都运用到工作中去，才能让企业的人力效益最大化。

第二次世界大战期间，在太平洋战役中，一位美军中校带领部队在太平洋群岛上与日军展开肉搏战，遭到日军猛烈抵抗。由于进展不顺，物资匮乏，中校遭到司令部的批评，情绪极为低落。一天晚上，中校到营区视察，只见一团篝火燃烧起来，那些疲惫不堪的士兵们在没有伴奏的情况下，唱起雄壮的军歌，跳起欢乐的舞蹈。

中校热血沸腾，他坚信自己的军队是最棒的，美国军队是最棒的。他来到篝火边，向士兵们发表了热情洋溢的演讲。于是群情激奋昂，第二天，军队焕发出昂扬的斗志，一举拿下了久攻不克的岛屿。

可见，领导者和员工之间的热情是相互影响的。领导者只有投身到员工之中，才能让自己的热情感染员工，也才能感受到员工的热情。当领导者与员工一起战斗，本身就是对员工热情的鼓舞。一个小小的成功往往能使员工热情倍增，领导者当然也能体会员工的积极氛围，于是团队的整体战斗力将源源不断。

领导者有了热情，就会创造性地展开管理；员工有了热情，就会创造性地展开工作。很多领导者明白这一点，因此，很注意发掘员工热情。很多领导者注重用物质奖励和精神刺激的手段，保证员工的创造力。欧美发达国家用较高的薪酬、优越的福利条件，吸引员工为公司努力工作，亚洲国家或地区除了物质奖励外，还会给予员工晋升机会、某某荣誉称号等来激励员工。同时，我们应该看到，一个优秀的企业必定有一个富有热情的领导者。

如今，提到索尼公司创始人之一盛田昭夫，很少有人不知道，但第二次世界大战刚刚结束时，盛田昭夫和合伙人井深大只有借来的 527 美元原始资本和 20 名员工。创造索尼奇迹的盛田昭夫先生就是一位富有热情的领导者。

盛田昭夫出生于日本的一个酿酒世家，他却对现代科学技术产生了热情。他将课余时间都花在电唱机、收音机等新发明上，还因此放弃了父亲的安排，考上大阪帝国大学物理系。毕业后在部队服役，他的热情依然不减，在得到父亲的许可和支持之后，盛田昭夫克服了资金严重不足、人手缺少的困难。

由于盛田昭夫的热情领导，他们的公司很快就生产出当时日本市场上十分紧缺的新式电动机和电磁扩音器，公司从此站稳脚跟。当然，他不会满足于这一点点成绩，而是瞄准了创造高科技电子产品的宏伟目标。

　　当他看到美国制造的磁带录音机后，压抑不住创造的激情，虽然很快研制出来，但过于笨重、价格昂贵，无法销售出去；盛田昭夫立即召集人员，进行为期10天的类似头脑风暴的大会战，生产出公司自己的电子产品——磁带录音机。录音机生产出来，但销售却是一个难题，为了打开局面，盛田昭夫从技术型领导转向销售型领导，终于说服日本高等法院购买他们的产品，取得销售的第一炮佳绩。索尼公司凭借盛田昭夫的热情，不断研制、开发新的电子产品，在录音机、助听器、袖珍式晶体收音机、电视机、录像机等方面取得了可喜的成绩，公司还获得世界电子行业的"先驱者"的称号。

　　在索尼公司，是领导者的热情赋予了团队的热情，进而获得源源不断的创造力。

第四章　培养习惯，事半功倍

一、守时是礼貌和义务

对于匆忙的现代人来说，守时似乎越来越成为一种必需，成为对常人特别是领导者的基本要求。

守时是对一种约定的履行。如果你想结交朋友和有影响力的人，就要守时。领导者事先约定了下午三点会见客户，而三点钟的时候，领导者还在高尔夫球场，等秘书提醒之后才想起来，让客户等等，马上就到。

结果，等领导者到来的时候，已是下午四点三十分，客户在此足足等了差不多两个小时。当然，或许这个客户受制于领导者，虽然被浪费了时间，依然赔着笑脸。但如果这个客户手头有领导者需要的大批订单，那么，领导者肯定要为自己的失约而付出代价。

无论如何，这个领导者的人品和工作作风，在对方眼里肯定大打折扣；领导者下属的团队也会给人留下随意、拖沓、不礼貌等不良印象。今后，其他人与之交往时，明明能够守时，也会故意耽误，因为对方认为没有必要那么准时，以免像上次一样，为了等他而白白地浪费自己的时间。

上面的案例告诉我们，守时是一种礼貌；作为一个领导者，不管你职位多高，影响力多大，一旦答应约见某人，就已经与此人达成一种承诺。守时与否，就是对信用度的考验。上文中说到领导者对客户就失去了信用。对方在领导者约定的时间和地点苦苦等待，牺牲了时间和精力等待约见，而领导者却忙着自己的事情，将对方置之于脑后，对方肯定认为领导者小看自己而心存怨恨，进而认为领导者是个不讲信用的人。

第二次世界大战期间，英国首相丘吉尔前往国会参加一个重要的会议，但他的吉普车被堵塞在伦敦街头无法动弹。时间一分一秒地过去，随从说："首相阁下，我通知国会取消这次会议吧。"丘吉尔看了看时间，说："不行，我刚刚上任不久，不能失去议员们的信任。"他立刻下车向国会的方向跑去。当他气喘吁吁地站在国会的演讲台上时，时间刚刚好。得知这个故事之后，原先那些对他很有成见的议员们也对他尊重有加，真心拥护自己的首相。

由此看来，守时不仅是对对方的尊重，同时也会赢得别人的尊重。不守时的人没有将对方放在眼里，对方也自然会轻视他了。很多人以为，在重大的事情上必须守时，一些小事上就没有必要斤斤计较。比如，重要的会议、考试、航班，等等，是绝对不能耽误的；而睡觉起床、打扫房间，等等，就可以疏忽一下。实际上，守时是一种习惯，需要在日常生活中慢慢养成。因此，绝对不能对自己有所放松，必须从身边的小事做起。

放眼全球，欧美、日本等发达国家一般都比较守时，一些发展中国家在守时方面则要差一些。原因在于，高度发达的工业文明和商业文明，对守时提出了严格的要求，需要遵守时间的约定。这也是效率的体现，迟到会让对方造成损失，而早到会牺牲自己的时间。在日出而作、日落而息的农耕时代，时间显得那么漫长，守时似乎也并不重要了。如果稍加留心，我们会发现，那些经济越发达、各方面越先进的国家，对守时的观念越是注重。可见，守时是人类文明和进步的体现，要做一个文明、懂礼貌的人，必须守时。

对于领导者，守时有更为重要的意义。大凡成功的领导者都能够做到守时，而那些作风散漫、拖拖拉拉的领导者，绝对难以成就事业。对于领导者来说，守时是一种义务，没有人强迫你必须守时，但守时恰恰应该成为你的习惯。

一个守时的领导者充分表现了对别人时间的尊重。很多领导者老是抱怨自己的员工没有执行力，工作没有效率，却不从自己的身上找原因。员工不守时，浪费的可能是一两个人的时间；领导者不守时，很多时候是浪费了很多员工的时间。一旦不守时的次数多了，员工当然也不会尊重领导者的时间，会将这种情绪自觉不自觉地带到工作中，进而影响执行力。一个守时的领导者会得到所有员工、客户和社会的尊重，为人格魅力加分，进而提升领导力。

既然守时如此重要，如何养成这一良好的习惯呢？改正毛病的先决条件是承认自己的毛病，不守时也一样，只有从心里承认自己不是一个守时的人，才能改掉不守时的毛病。之后，要随身携带一件准时的计时器，一块准确的手表是最好的时间计量工具，可以随时提醒你什么时候该加快进度，什么时候可以放松一下。还要在办公室和房间里放置一个钟，随时看看，可以保持对时间的警惕。

对时间要留有余地，如果你准备花30分钟去市中心赴约，一定要考虑塞车、红绿灯、等电梯等因素，最好预留10分钟；为了避免浪费自己的时间，可以带一本《英语一千句》之类的书。尽量提前到达，如果双方都有提前到达的习惯，那岂不是更好。

不要轻易原谅自己。有的人设置了闹钟，约定好时间，但无法坚持，一个重要的原因就是常常给自己找借口。比如，就小睡一会儿，明天绝对按时起床，长期下来，就会养成不守时的习惯。

要将自己的工作和生活仔细检查一遍，看那些具体的事情到底能花费多少时间。比如，上班需要多少时间、做饭需要多少时间，等等；要注意发现哪些环节上浪费了时间，是闲聊、游戏还是电视，尽量避免这些行为对守时造成影响，让生活尽量条理化。还要提前做好计划和安排，可以避免一些节外生枝的事件，耽误自己的时间。

按照以上方法，可以慢慢养成守时的习惯。

二、节俭不仅仅是美德

今天，全球环境越来越恶劣，资源越来越匮乏，在这种背景下，节俭就不仅仅是一种美德，而是生活的必需，是人类文明的要求。

越来越多的国家的人民都非常重视节俭。综合国力排行全球前列的日本，其富裕程度也名列前茅，但在节俭方面，日本人确实非常注重。

日本丰田汽车公司的效益超过美国所有的汽车制造公司，也远远领先其他同行，但在节俭方面，是每个企业制造公司都应该学习的。日本不是一个缺纸的国家，纸张也非常便宜，但丰田公司要求所有员工必须节约用纸，每张纸都必须用过正反面，直到没有空白地方使用为止。不但丰田公司，日本政府和许多企业都坚持双面复印，虽然使用麻烦，但可以减少 50% 的用纸量。公司的做法不但省钱，还节约了资源。

　　丰田公司还提倡上班自带盒饭，与那些动辄兴建豪华餐厅，改善职工福利的大型企业相比，丰田简直无法和一个国际大企业相提并论。谈到这一点，丰田公司的相关人员认为，自带盒饭有几大好处，归结到一点，就是避免浪费。在丰田公司的办公大楼都有品质较好的擦手纸，可以随便使用，但很少看见垃圾箱里堆满擦手纸的现象，因为很多职工养成节俭的习惯，一般尽量将手上的水甩掉，然后才用擦手纸擦，这样就比较省纸。

　　在自然资源相对贫乏的日本，人们都养成了节俭的习惯；而在很多欧洲国家，节俭也已成为国民根深蒂固的观念。富裕的瑞士、英国、法国、德国，很少家庭购买宾士、宝马、林肯这样的豪华轿车，马路上常见的是丰田、雪铁龙、大众等普及型汽车。以盛产名表著称的瑞士，很多人却只戴普通手表，甚至塑胶电子表。他们对吃喝更是节俭到吝啬的程度。

　　企业、国家提倡节俭，很多领导者也非常节俭。比尔·盖茨出门很少带随从，背双肩背包，乘飞机经常坐公务舱。这样一个非常节俭的人却拥有世界上最多的私人财富。领导者必须节俭，这不仅是对个人品德的要求，更是领导素质的要求。

　　从最直接意义上来讲，领导者节俭，可以为团队带来经济效益。领导者都具有相当的权力，可以支配的人、财、物很多，给铺张浪费提供了很多方便；如果不养成节俭的习惯，则很容易造成很大的浪费，不利于团队效益的提高。领导者带头节俭，也给团队一个很好的示范作用，让团队所有成员都养成节俭的习惯，能自觉地维护团队利益，将有限的资源用到团队的发展上。很多领导者在企业尚未发展的时候，就购置高级汽车，租用豪华办公大楼，以大手笔的经营方式，讲究气派和面子；员工们看到领导者都这样，肯定不会主动节俭，于是，企业很快就寅吃卯粮，业绩滑落，有的甚至急速夭折，落得昙花一现的结局。那些高速发展的团队往往也是比较节俭的，领导者们将资源配置到最需要的地方，他们在讲排场等方面做到吝啬的程度，但在引进人才、产品研发等方面往往非常大方。

领导者节俭，可以锻炼意志，获得良好的精神状态。一个具有良好精神状态的领导者，非常进取、积极和乐观，一心放在事业上；只有那些没有事业心、消极颓废的人，才将心思花在随意挥霍浪费资源上，获得内心的平衡。节俭的氛围一旦养成，会具有神奇的力量，可以使团队凝聚人心，战胜困难。对于一个国家来说，则能使一个民族时刻保持旺盛的生命力。

美国是世界上最富裕的国家之一，也是充满活力的国家，美国人的节俭也是很有名的。最近油价上涨得很快，节俭的美国人放弃了驾车出游的计划，有人开始考虑乘坐公共交通工具；为了省油，他们甚至减少去超市的次数。为了节省几分钱，他们可以排队等候加油。

平常，在美国的超市或商场很少出现拥挤的状况，一到打折时段，很多商场都熙熙攘攘，为了抢到便宜货，很多人很早就起床排队。

在美国，为了节俭，很多家庭都崇尚DIY，自己进行房屋装饰，自己为汽车进行补轮胎、换小零件等简单的修理。他们很少大吃大喝，一般吃点快餐食品解决问题，很多时候都在家里自己做饭。

美国人在这种节俭的生活方式中，能够保持较好的精神状态，每天似乎都在为生活忙碌，但也时刻都能做到积极进取。

领导者节俭，展现了一种较高境界的追求。如果一个人只崇尚物质享受，就很可能造成无谓的浪费，也会养成以炫耀财富为自我满足的心态。这样的人往往容易造成价值观和人生观的迷失，没有高尚的精神追求和健康的生活情趣。他们以出入高级消费场所为荣，以占有、消耗财富和美色为乐；他们也因而意志力涣散，不能抵挡诱惑，很容易放弃理想和远大追求。

节俭不是吝啬，节俭是为了使有限的资源发挥最大的价值。要做到节俭，必须克制欲望。要将那些没有必要花钱的项目省掉，养成随时记账的习惯，在生活中做到精打细算。长此以往，就容易养成节俭的生活方式，让自己终生受益。

三、一勤天下无难事

沃尔玛总裁李斯阁以温和管理著称，在他的眼里没有雇员，只有同事。更难以想象的是，这位动辄调度上亿或几十亿美元资金的总裁，曾经一贫如洗，为养家糊口发愁。

李斯阁没有雄厚的家庭背景，没有优越的资历，之所以能够成为全球最大的零售企业领导者，他最大的优点在于勤奋。

李斯阁勤奋的习惯，来自于父亲的影响。父亲的家境不好，靠在小镇上开修车厂维持全家生计；父亲勤奋努力地工作，一分付出一分回报，李斯阁很小就认识到，无论学习还是从商，只有勤奋才是成功的不二法门。他从小就非常努力和勤奋。大学期间，他就认识了未来的妻子，并很快结婚，他知道现在的条件不允许他浪漫，必须勤奋工作，改变自己的处境。小两口很快就有了孩子，迫于生活，李斯阁迅速投入艰苦的工作中。他们全家大小住在一个停车场的拖车屋里，当拖车屋的暖气关了，一家人都会冷得瑟瑟发抖。李斯阁每天都得到当地一家轮胎厂上班，工作时间为：每天下午三点三十分到晚上十二点，薪酬为每小时两美元；一直工作到半夜回家，他还不能休息，必须抓紧时间学习，直到凌晨两点。

凭着这样的勤奋，李斯阁终于获得商业管理学位，进入世界 500 强之一的 Yellow Freight 公司做销售。后来，因为一次偶然的机会，李斯阁接触了沃尔玛公司，两年之后，李斯阁接受邀请，加入了沃尔玛。1999 年，李斯阁成为沃尔玛的总裁。

一个人如果不勤奋或不够勤奋，不但难以成功，而且很难发展起来，更不要说成为领导者了。只有非常勤奋的人才能不断地进步，并一直拥有领导者的地位。一个人虽然取得暂时的成功，一样需要勤奋，如果不勤奋，就可能落后；当然，如果落后，就更要勤奋，不然会永远落后。勤奋与懒惰是一组反义词，勤奋主要是指投入较多的时间及精力用于学习、工作，以利于提高个人素质及发展事业，而这些都是成为领导者的必要条件。

每个人的成长和成功都必须勤奋。个人成长、事业成功，都必须投入足够的时间和精力。与常人相比，很多成功人士并非有很高的智商，也并没有优越的先天条件，大多数人都因为勤奋和长期的努力，弥补了原来的缺点和不足，而成为各行各业的领导者。前文提到过，日本企业家松下幸之助先生身材瘦小，体弱多病，家境贫寒；仅有小学文化程度的松下先生进入公司后，不但勤奋努力工作，辛勤加班，下班后还坚持自学，依靠自身的奋斗，最终成为优秀的企业家。

勤奋还有利于享受生活和身体健康。一个人对生活的理解不能只在于拥有了多高的地位，累积了多少财富，快乐和幸福在于奋斗的过程。很多领导者有很多财富，但还是孜孜不倦地追求，就在于用勤劳的方式享受美好的生活。勤奋的人不会意志消沉，还可以远离贫穷和落后，可以让身心保持充实和愉悦，让身心和事业得以发展。

勤奋是一种习惯，勤奋更是一种美德，如何养成勤奋的习惯，如何判断自身是否具备勤奋的美德呢？可以从以下几个方面做出测试：

❶是否将劳动当成一件快乐的事情？

❷劳累之后是否觉得很充实？

❸郁闷或痛苦时，是否让工作去排解？

❹是否经常为自己打气："加油，再加油，成功并不遥远"，"之所以没有成功，是因为自己努力不够"？

❺是否能在心里远离"彩票"等"天上掉馅饼"的事情？

❻是否经常让自己的环境保持干净、整洁有序？

❼是否将学习当做生活的必需？

❽是否对加班欣然接受？

❾是否几十年如一日地坚持某种有益的活动，比如，饲养宠物、锻炼身体等？

❿能否适时地参与休闲娱乐活动，而不是无所事事？

对于以上问题，如果回答"是"的在 6 个以上就算及格；反之，就需要检讨自己身上懒惰的毛病了。

大凡勤奋的人都非常热爱工作，他们将工作当做一种光荣，在工作中体会快乐。J. P. 摩根、李嘉诚、邵逸夫……他们虽然掌握亿万财富和拥有许多员工，但都坚持生命不息、工作不止的信条，在人生高龄之时，都依然马不停蹄地奔波。他们已经将勤奋当做生活的必需，为公司员工和社会做出表率，他们的企业也因而蒸蒸日上。

一个勤劳领导者的办公室或生活空间都是非常整洁的；在凌乱不堪的环境中工作和生活的人，其勤劳程度也不会高到哪里去，因为他肯定很懒惰，连举手之劳的事情都不愿做。

勤劳的领导者还表现在工作和生活的各个方面。韩国著名的企业家李健熙先生在三星总裁的任期内，除了休息都在勤劳的工作；而且，无论在高尔夫球运动、电子机械的研究、宠物饲养、草坪的养护等方面，都勤勤恳恳地做出了超凡的成绩。这都是与他的勤奋工作分不开的。

在李健熙看来，只要勤奋，就没有完成不了的事情。五十年前的韩国，与日本和美国相差何止千里，李健熙就将这两个国家的先进企业当做追赶的目标。无论考察还是出差，他都要到这两个国家的电子商场考察，买回先进的产品回到宾馆拆卸、研究；他几乎能做到手不释卷，一生都在努力学习。他也是一个勤于锻炼的人，年轻时代就和体育活动结下不解之缘的他，一有时间就参加运动，以至于在很多项目上都做得蛮出色，同时能够保持良好的健康状态。他喜欢独处，善于将所有精力集中到一点，然后暴发出奇思妙想；他也喜欢享乐，将高尔夫球运动当做毕生最爱。

李健熙或许不是最勤奋的人，但他为我们树立了一个勤奋领导者的优秀榜样。

四、从书籍中获取能量

书籍对于人类的作用无须赘述，但对于领导者却经常产生认识上的误差。因为在现代社会中，大凡领导者都具有较高的学历，特别具备一般人没有的经历和经验。读书需要大量的时间，耗费一定的精力，对领导者事业"帮助不大"，于是他们忽略读书而重视社会实践，认为读书是做科学研究等实际工作者的事情。殊不知，领导者更需要从书籍中获取能量。有很多领导者确实忙于工作，但是再忙也不能作为不读书的借口。很多优秀的企业家、政治家总能手不释卷，挤出时间来阅读。

一个人经常读书，就会不断进步，一个国家或民族重视读书，就会强大。明治维新之后的日本，经济和军事快速发展，很快变成亚洲的强国：第二次世界大战后，日本迅速从战败的阴影中走出来，短短的半个世纪不到，就变成世界强国。

日本的发展和全民读书分不开。明治维新以来，日本就非常重视教育，重视学习西方先进的科技和文化，养成全民读书的习惯。在长期努力之下，日本人已经没有文盲，并养成喜欢读书的习惯，书籍成为人们的必要物品，书籍摆放在触手可及的地方，让人们能够随时取阅，而书店更遍布商场、车站和码头。

日本的图书馆非常多，在东京的一个地区，人口不到 20 万，图书馆就有 8 个，并且规模相当大。图书馆的管理和服务也很人性化，每个人都可以到图书馆借书，一次可借 10 本以上，并不需要任何证件。还可以电话预约书籍、向各图书馆调借书籍，等等；值得一提的是，这些服务都不收取任何费用。因为日本从 1950 年起，就颁布了《图书馆法》，借书从此一概免费。

书籍是衡量一个国家和民族现代化和文明程度的重要标志，正如衡量一个人一样，虽然你拥有宽大的别墅、豪华汽车、高科技的电子产品，但如果没有藏书和不喜欢读书，那你一定不是一个文明程度很高的人，充其量只是一个暴发户。对于一个国家，平均每个人的书籍拥有量、读书的喜好程度、图书馆的数量、藏书和服务，等等，在很大意义上成为"判断整个民族文化水准的标志"。从这个意义上说，日本是一个文明程度很高的国家。

日本人非常喜欢读书，在公共汽车和地铁上，总是能看见埋头苦读的人，而图书馆总是人满为患。根据统计，平均每个日本人一年阅读 30 本左右的书。10 年、20 年、30 年……长期坚持下来，每个日本人一生要读多少书呢？书籍累积了前人的智慧，喜欢阅读的日本人因而获得养分，使自己的素质不断提高。因此，日本的经济才能突飞猛进地发展，日本国民才成为非常优秀的民众。

日本人依靠读书获得发展和进步，屹立于世界民族之林，在很多领域超过了欧美发达国家而成为领导者。例如，电子产业、机械制造、汽车制造等方面，都成为行业的领航者。

每个人都有很多闲暇时间，如果不喜欢读书，那肯定要喜欢其他活动：很多不读书的人生活得非常庸俗，不是打麻将、玩游戏，就是灯红酒绿，使人的素质越来越低下。那些虚度年华、危害社会的不法分子，大多是不喜欢读书的人。将很多时间和精力花在读书上，就可以杜绝一些不良诱惑，戒除很多不良嗜好，让人们远离低级趣味，进而变得纯粹而高尚。

领导者更应该将读书当成必修课程，活到老，学到老。21 世纪是人才竞争的世纪，是知识爆炸的世纪，如果不读书，不从中汲取能量，必将成为竞争场上的失败者。领导者有很多事务性的工作，但如果不通过读书，提高自己的知识水准和管理能力，即便 24 小时地工作，也比不上优秀的领导者。读书之后，能力提高，会发现以前很多辛苦都是事倍功半。只有不断读书，用不断更新的理论作为指导，才能永远保持头脑清醒和判断准确，才能成为一个优秀的领导人。

五、学会交友

俗话说，多一个朋友多一条路，朋友能带来良好的意见和建议，朋友在关键时刻提供帮助，朋友是那种当遇到困难时默默陪伴你的人。

社会竞争越来越激烈，交友的能力作为综合能力的要求也越来越高。有的人本着万事不求人的观点为人处世，他力求什么事情都自己解决。事实上，这是不实际的。随着社会分工的日益细密，任何事情都不可能由一个人完成。一个人生活在世界上，就不得不接受别人的帮助。有的人生活得很封闭，上班、下班，两点一线，很少与别人交往，他以为这样就可以不需要朋友了。实际上，这只不过是自欺欺人而已。哪怕你整天待在家中，也不可避免地要利用他们的帮助，你使用自来水、煤气、电和通信系统，都是社会很多部门共同努力完成的产品。因此，要让自己更好地生活，获得不断进步，必须学会交友。

所谓领导者，就是团队的指挥和带头人，更需要学会交友。古代的皇帝自称寡人，其实他还是有很多贴心的朋友的，那些真正的"寡人"大多只能昙花一现，被历史的烟云所埋葬。领导者需要很多朋友，以便让他们提供帮助，共同完成事业。

索尼公司从小小的"东京通信工业"公司发展成为世界大企业，与盛田昭夫的领导密不可分，但索尼绝对不是他一个人的功劳，盛田昭夫的成功仰仗了朋友的支持和帮助。

事实上，盛田昭夫并没有深厚的管理学基础，第二次世界大战前学的是物理学。在部队里，盛田昭夫遇到了同样喜欢物理和电子技术的老兵井深大，二人结下深厚的友谊。服役期满，盛田昭夫在刊物上看到井深大的文章，说他已成立东京电信研究中心，雄心勃勃地准备开创全新的事业。嗅觉灵敏的盛田昭夫立即前往东京，拜访老朋友井深大，两人一拍即合，决定共同创业。

这个以生产收音机零件等产品为主的作坊，只有二十多个工人，虽然盛田昭夫亲自掌控营销和管理，但技术研究和开发绝对依仗井深大。井深大先生是个高尔夫球迷和音乐迷，他策划并带领科研人员研制了盒式单放机。与朋友一起合作创业，盛田召夫与井深大的友谊在企业界被传为佳话。

盛田昭夫将员工当成朋友，他不但以传统日本风格来照顾员工，还引进西方管理文化激励员工。因此，盛田昭夫备受员工的爱戴，员工也对公司非常忠诚，索尼公司也因此保证蒸蒸日上的发展趋势。

　　在交友的问题上，很多领导者并不是不会交友，而是不善交友。他们有很多朋友，三教九流什么样的朋友都有，却没有几个知心朋友。这是为什么呢？因为领导者处于一定位置，周围的人很多抱着各式各样的心态，有的是竞争对手，有的是阿谀奉承之辈，有的夸夸其谈，有的貌似不友善其实真心相待……久居高位的领导者往往不能鉴别真伪，糊里糊涂地交了一些对自己无益，甚至有害的朋友。一些企业的领导者希望与地位显赫的人交往，觉得这样会抬高自己的身价；有的喜欢与影星、歌星成为朋友，认为这样才能与自己匹配。其实这都是不正确的，领导者需要各种类型的朋友，只要对自己有帮助都可以真诚交往；相反，那些虽然声名显赫，但对自己并无帮助的人，大可不必孜孜以求。

　　三星集团的前领导者李健熙先生有很多朋友，其中不乏赫赫有名的影视和体育明星、国家总统一级的政要人物、富可敌国的商业朋友，但他更喜欢和韩国本土的作家成为朋友，有时一谈就是几个小时。他说："从他们的言谈中，我会获得很多东西，这些东西是书本上没有的。"李健熙与富有思想性的人交往，获得自我的提升，这比那些表面上风光无限的宴会收获肯定大得多。

　　交友要讲究君子之交。作为领导者不能嫌贫爱富，更不能抱着实用主义的目的交友。嫌贫爱富的领导者最终会自食其果，因为那些富有的朋友很多是瞄准财产和地位来的，一旦失势，那些朋友就会离你而去的。

古代有个财主的儿子，平常与狐朋狗友一起游玩，过着纸醉金迷的生活，有一天他的父亲一命呜呼，偌大的家产顷刻之间化为乌有。这个昔日的小财主流落他乡，跟随他的是经常遭受他大骂的书童。他大感不解地问书童："他们都走了，我什么都没有了，你为什么还跟着我呢？"书童说："我一直将少爷当做朋友，我相信你一定能够成功的。"后来，这位少爷步入商场，在书童的帮助下，终于成为富甲一方的老板。

许多领导者都是交友高手，但在一些问题上还是应该特别重视。要本着真诚的心，尊重对方，敞开胸怀与人交往，这样才能让更多的人成为朋友。在与人交往之前，要注意给人留下良好的第一印象。一个富有个人魅力的领导者，会用整洁得体的穿着、能言善辩的表达和大方有度的表情吸引对方，给对方留下好印象，获得对方的认同。此时应该注意的是，保持情绪的稳定，不要因为对方而做出不良反应。在交友过程中，要学会换位思考：要站在不同的立场上看问题，认识朋友；要经常想，如果我是他，我会那样做吗？如果他是我，他会怎样想呢？在交友的数量上要先广后精。人生难得一知己！朋友容易得到，知己难求，因此在交友的过程中必须慎加选择，与那些真诚的人成为朋友。很多领导者疑神疑鬼，什么人也不相信，看似有很多朋友，其实没有一个真正的知心朋友。

六、助人才能获得帮助

一个好汉三个帮，越是卓越的领导者越需要外界的帮助，越是在众人的支持下越能获得成功。很多成功的领导者认为自己并不优秀，他们将成功归因于知人善任。的确，无论多么优秀的领导者，都不可能单打独斗地完成所有的工作，特别是社会分工日益复杂化的现代社会，只有在比自己更优秀的人的帮助下，才能成就事业。

美国的钢铁大王卡内基是一位善于用人的领导者，他的事业就是在下属和朋友的帮助下完成的。在他去世后，人们称他为"一位知道选用比他本人能力更强者的人"。卡内基生前认为自己并没有什么了不起的能力，只是因为敢用比自己强的人，并能看到且发挥他们的长处。炼钢天才琼斯、天才管理家齐瓦勃都是卡内基最好的帮手。因为有了这么多能人，卡内基才敢大言不惭地说："把我的厂房、机器、资金全部拿走，只要留下我的人，4年以后我又是一个钢铁大王。"卡内基钢铁公司成为当时世界最大的钢铁企业。卡内基是这个有2万多名员工、年收益额达4000万美元的巨型企业的最大股东，但他没有担任董事长、总经理之类的职务。

在很小的时候，卡内基就知道利用别人的帮助完成自己的事情。当他上小学时，家里连人的生活都成问题，而亲戚又送给他们家一窝兔子，这么多小生命的吃食怎么办？有一天，卡内基想到了一个很好的办法，他叫同学和邻居小朋友参观他的兔子，并允许伙伴们用自己的名字命名认养兔子。伙伴们争先恐后地为兔子命名，结果兔子的饲养问题解决了。

帮助其实是相互的，会在人与人之间传递。有句俗话：与人玫瑰，手有余香。卡内基想得到伙伴们的帮助，首先帮助别人——满足了大家的虚荣心。因此，要想获得帮助，必须首先帮助别人；别人在最需要的时候得到你的帮助，还有什么理由在你困难的时候不伸出援助之手呢？一个团体、一个社会形成人人互相帮助的风气，就不愁有什么困难不能克服了。

华尔街的大富豪 J. P. 摩根能在下属最需要的时候帮助他们，同时也获得他们的帮助，他也是一位敢用强过自己的人作为左膀右臂的典范。

萨缪尔·斯宾塞比摩根小 10 岁，精明强悍，为人忠诚。大学毕业后，斯宾塞加入巴尔的摩—俄亥俄铁路公司。他才华出众，工作卖力，很快得到晋升，成为总裁特别助理，不久更成为副总裁。但天有不测风云，正当斯宾塞踌躇满志时，发现公司的账面上已经出现了赤字，面临破产的命运。

此时，摩根出现了，他接管了公司的所有财产和债务。在几次接触中，摩根发现了斯宾塞在经营与管理方面的过人之处。为了利用斯宾塞，让他发挥才能，让这条铁路起死回生，摩根采取了助人的方法。当时，斯宾塞在公司遭受嫉妒，日子很不好过。摩根果断地将原来的管理团队解散，撤销总裁的职务，任命斯宾塞为总裁，让他放手大胆管理。斯宾塞自然感恩涕零，忠心耿耿地为摩根工作，很快让公司走出谷底，并创造不菲的业绩，顺利地偿还了800万美元的债务。从此，斯宾塞就成为摩根集团的红人。

领导者要想获得帮助并不难，难的是获得更多人的真心帮助。领导者有很多朋友和下属，当然能提供帮助，但这种帮助有的是碍于情面，有的是被迫的（员工领取薪水，为人办事），这种帮助并不特别珍贵，作用也不会太大。如果领导者能够在平常就将智慧与风度贯穿在生活之中，善于培养下属，帮助下属，到关键时刻获得的帮助肯定会有出乎意料的效果。

杜汉业原来是一个小企业的老板，为人谦和，乐于帮助别人。在很多人看来，他并不是一块做老板的料，因为他在金钱上太马虎了。有员工生病没钱住院了，他马上让财务支出现金资助员工；有下属要买房子了，他马上送去一笔钱，解决下属的临时困难。有一次，企业资金运转出现问题，眼看发不出工资了，他二话没说，将自己在市中心的房子卖掉，渡过了难关，让公司全体员工非常感动。

终于，企业经营不下去了，濒临破产的边缘。员工们听到这个消息之后，自发地组织起来，每个员工都拿出自己的积蓄，纷纷表示与企业共存亡。结果企业慢慢走出谷底，最终发展成为一个大型的企业。

领导者帮助别人更为容易。在很多时候，领导的帮助并不表现在金钱和实物上，而是要善于发现下属的优点，原谅他们的缺点，努力培养他们做事的能力，这其实是对下属最大的帮助。大凡有能力的领导者都不插手具体事务，而是放手让下属去做，给他们一个发展的空间和机会，其实这就是对他们最大的帮助。现代社会所有的人都希望成功，下属的成功表现在事业的成就和工作的成绩上。一个好的领导者不但要"祝人成功"，还要善于"助人成功"，这就要求他们有宽广的胸怀，具备帮助下属的能力。

心胸狭窄、嫉贤妒能的领导者，生怕下属发展起来，超越了自己，绝对不能给下属提供很好的帮助，当然也不能获得真正的帮助。助人成功者，自己必定更成功。可以做一个设想，一位领导者的所有下属都非常成功了，他的事业难道还不算成功吗？有人可能要说，那些下属都成功了，但他们全部都跳槽了，或自己做了领导者，根本没有帮助原来的领导者做事业。但是，这位培养了无数成功人士的领导者，何尝不是另外一种意义上的成功呢？

七、今日事今日毕

要有好的明天，必须从今天开始，今天的事必须今

天做，绝对不能拖到明天。对于领导者，更应养成
"今日事今天毕"的习惯，严格实施时间管理。与普通
员工相比，领导者的工作多得多，责任重要得多，如果
不实行时间管理，将使自己的工作变得毫无头绪，终日
忙碌却事业无成。因此，领导者应该制定每日的工作时
间进度表。在每一天都制定一个目标，列出计划，检查
执行的过程和结果，针对完成的情况，第二天再做出调
整和改进。无论怎样改进，必须做到日日清，今天能完
成的事情绝不拖延到明天。对一件事情，如果没有今日
事今日毕的觉醒，势必累积和拖延，长此以往，就堕落
养成颓废的心态，给事业造成严重影响。如果领导者没
有这种决心和雷厉风行的工作作风，将会使团队变得拖
沓，丧失战斗力和凝聚力。

今日事今日毕是一种良好的行为习惯。优秀的领导
者懂得时间的宝贵，他会让自己从琐碎、繁杂的日常事
务中脱身开来，将更多的时间花在思考和决策上。珍惜
时间的领导者会抱着一种积极的心态，绝对不会浪费时
间和精力，会及时解决当下能够完成的事情，绝对不会
拖延到第二天。

和常人相比，比尔·盖茨的时间非常宝贵，在时间
管理上，他有自己良好的习惯，盖茨还将这样的良好习
惯灌输到微软公司里。比如，他尽量不带随从，尽量采
取简朴和随意的出行方式，谢绝有关部门的接待和宴
请，这样就可以让时间不被那些无谓的琐事浪费掉。采

用时间管理软件进行日程安排的他，更懂得今日事今日毕，每到一处，他都马不停蹄地按照计划工作，即便工作再忙，也会抽出一个小时看书，成为盖茨多年来严格遵行的好习惯。

养成今日事今日毕的习惯，你无形之中就有一种紧迫感，会抓紧时间安排自己的事情，而不会无所事事地闲聊。你的办事效率会因而大大提高，每当完成一件工作，你就会体会到成功的喜悦。一个人的精力是无穷的，懒惰和颓唐的人会将精力变得枯竭，勤奋的人精力总是源源不断的。他们认为时间可贵，就会以分秒计算时间，不断地修正失误和偏差，提高工作效率，能在半个小时内完成的事情绝对不拖延到一个小时。有这种习惯的人将工作放在首位，将其他的事情放在次要地位；如果有任务没完成，他们会寝食难安，这样的人就拥有了良好的时间管理习惯。

仁强和崇祖从同一所学校毕业，来到同一家企业工作。企业领导对新手提出了更高的要求，常常安排很多工作给他们做，常常需要加班才能完成。对此仁强颇有怨言，而崇祖却默默地完成。

每到下班时间，同事们就忙着收拾回家了，而两人手中还有不少工作。"仁强、崇祖，走吧，不要玩命了，工作是做不完的，明天接着做吧。"经过一次、两次，仁强再也受不了加班的痛苦，听从伙伴的邀约，按时下班，于是第二天的工作任务就越积越多，到了月底业绩出来了，崇祖比仁强高得多。崇祖顺利地获得了晋升，而仁强只能继续留在生产线上了。

一个良好的行为习惯决定了两人不同的命运。可以想象，如果仁强不痛改前非，继续这样得过且过，将会一事无成，而崇祖养成了今日事今日毕的习惯，将会在新的领导岗位上做出更加辉煌的业绩。

今日事今日毕表现了一个重要的时间管理守则——珍惜今天，当日的事情当日做完。每天都全力以赴地投入工作，即使加班，牺牲休息时间也要完成任务，坚决不为自己留下余地。而一旦将自己置于非完成任务不可的境地，就会做出思考和判断，改进工作方法，对可有可无和重要的事情做出取舍，提高工作效率。日本企业家松下幸之助是一位典型的"拼命三郎"，创业之初，他和员工同吃同住，一起工作，不完成任务就绝对不会下班。松下企业养成了这样的习惯后，迫使自上而下展开学习和思考，不断提高工作效率。不只是松下，日本的很多企业都养成加班的习惯，日本员工将按时下班当成一件可耻的事情，他们几乎每天都在比赛谁更晚下班。

要做到今日事今日毕，必须依照工作重点进行时间分配和日常工作。对于领导者来说，什么是最重要的工作呢？当然是如何将决策层层分配到下属，要完成这一任务就必须进行人事决策，要竭力选择、培养和任用"优秀人才"。在这方面，通用电气公司前任首席执行官杰克·韦尔奇先生堪称导师。为了完成繁重的工作任务，在领导通用电气公司的 20 年间，韦尔奇把 50% 的时间花在重点培养有天赋的管理人才上，为他们分派各种工作，增长他们的才干。为达到明确的目标，韦尔奇每个月都要发布会议时间，与公司的管理人员沟通；按照下属的特点和特长分配工作任务。在这个强有力的领导团队里，韦尔奇主张大家养成今日事今日毕的习惯，在工作中务必集中精力，实现高效率的工作。在韦尔奇的指导下，通用电气公司创造了无比优秀的业绩，成为企业界的楷模。

第五章　挖掘潜能，无往不胜

一、一生都要思考

专家将领导力分解为思考力、决策力和执行力，认为在领导能力中，这三种能力缺一不可，必须有机地结合起来，才能产生真正的领导力。但是，在实际工作中，很多领导者往往偏重一点，忽略其他。比如，有的人认为，领导者就是做大事情，只要做好决策就行，不需要亲自执行；有的人认为，领导者有很多助手，完全可以帮助他做出决策，无须苦苦思考。

这些看法都是片面的，真正的领导力肯定是一种合力，必须要共同起作用才能产生效益。所谓执行力，就是完成工作任务的能力。现代社会非常强调执行力，并不是执行力有多重要，而是执行力刚好位于每项工作的末端，决策必须加上杰出的执行才能奏效。决策是为执行服务的，执行是决策的最终结果。而决策力是一项非常重要的能力，从某种意义上说，管理就是决策，因为决策是管理的核心内容。在很多时候，决策决定一个企业的生死。因此，执行的好坏对企业的损失不是致命的，决策的失误会导致企业的破产倒闭。因此，在决策上一定要慎重。

领导决策来自于认真、反复的思考，思考是一种新型的生产力，所有的管理思路、创新产品和创造发明都是思考的结果。思考有助于发掘潜力，很多一闪念的灵感都来自于长时间的思考。微软总裁比尔·盖茨说过，与其他人相比，我并没有绝对的优势，我的成就来自于勤奋工作和刻苦思考。不管你的执行力有多强，如果没有深思熟虑的过程，一旦草率做出决策，贸然行动，其危害比不执行大得多。

思考是一个心理过程，也是一个行为过程。思考必须结合实际工作，借助以往的经验，全方位地考虑问题。在一项决策做出之前，必须认真地思考，考虑到各方面的利弊。将自己的决策放到实际工作中，从过去经验和未来展望来思考，反复论证，才能做出最后的决定。

韩国三星集团的领导李健熙崇尚"木鸡"精神，经常保持呆若木鸡的状态，他可以一个人在房间里静静地坐十多个小时，不要以为他在闭目养神，他其实是在思考问题。在这种思考力的保证下，三星集团一路走来，很少出现偏差。

李健熙的思考并不是空穴来风，他在办公室安排了一个信息收集员，专门收集世界各地媒体对三星的报道和评论；他让手下及时汇报集团运作情况和财务状况，他还认真听取公司各级管理人员和一线工人的意见和建议，听取社会各界认识的理论。在对于各种信息的综合分析中，融入缜密的思考，李健熙最终能够做出正确的决策。正因为有了较强的思考力，李健熙才能在总裁的宝座上一坐就是几十年。

有些人经常思考，思考力很强，能想出很多新办法，解决很多新的问题；但很多人就觉得自己的脑子不够用。其实，原因很简单，后者不加强学习，故步自封，又不愿意思考，思考力便越来越低下。经常参加学习，会获得很多新知识，了解行业的新动态；学习然后知不足，可以督促自己思考；他们能够将所学的知识运用到实际工作中，一边工作一边思考，思考力就越来越强。

思考也需要方法，对领导来说，换位思考就非常有效。领导者久居高位，养成一种思维定式，那就是以自己的出发点想问题，这样思考的结果往往失之偏颇，执行困难。如果学会换位思考，从下属的角度思考他们对管理方式是否接受，从客户的角度考虑这种决策一旦实施会造成什么样的影响，从社会的角度思考是否尽到责任……只有这样形成的决策，才是正确的。换位思考不能一蹴而就，也不能一曝十寒，必须养成换位思考的习惯；在思考的过程中，一定要把握好换位的方寸，过与不及都不好，这样才能做出正确的判断。

思考的成效展现在创新上，很多领导者经常性地思考，但观点陈旧，方法老套，结果对执行指导意义并不大。作为新型领导者必须具备的条件，创新思考非常重要。领导者要高瞻远瞩，以全新的视角思考问题，要善于捕捉瞬间即逝的灵感，善于模仿，才能做到不断创新。韩国有很多善于模仿的领导者，韩国电子产业、汽车工业都走过一条向日本和美国模仿、学习从而创新的过程。现在韩国的工业世界瞩目，一些耀眼的品牌占领了国际市场，就得益于企业领导的模仿和创新模式。韩国大宇汽车从发动机到外形都模仿了日本汽车，但韩国人知道没有创新就只有死路一条，于是他们全力开发和研究，创新产品，不久就甩开老师，走出一条自我发展的路子。

领导者必须具备优秀的思考力，这主要表现在生活、工作和理想等方面。最要紧的是关于"人生的选择"，作为一个领导者要认真思考选择怎样的人生和事业，应该具备怎样的社会责任感。俗话说，人心有多大，事业有多大。关于人生的选择如果不正确，成功就无从谈起。领导者要经常对自己进行反省，检查自己生活和工作中的对错，发现问题及时解决，力求让自己在不断修正缺陷中进步。要利用外界对自己的评说，关照自己的所作所为展开思考，进而发现问题。

可以采用记日记的方式督促思考和巩固思考成功。对人生的感悟、工作探索都可以记录下来，留到几年后、几十年后再拿出来对照检查，会有意想不到的收获。

总之，一个成熟的领导者必是一个深思熟虑后才做出决定的人，那种率性而为、贸然行事的人肯定不适合在领导职位上做事。

二、无处不在的执行

思考出智慧，思考得出正确的决策，一旦做出决定，剩下来的事情就是执行了。从广义上来说，执行不是领导者的最终步骤，而是一个贯穿始终的过程，可以说，无时无刻都离不开执行。

很多领导者并非不重视执行，而是对执行有认识误差。当企业达不到预期的发展目标，领导者就开始追究下属的责任，认为他们执行不力；而下属又将责任怪罪在自己的下属身上，认为他们的执行效果不明显。在他们看来，执行是执行层（底层员工）的事情，而自己毕竟是决策层和管理层，执行与自己无关。天天在喊执行，结果却没有一个人认真负责的执行。

归根结底，是企业没有形成执行文化；各级领导者没有认识到，执行也是他们的事情，更没有明白，执行其实应该从领导者本身做起。

日本著名的企业家桂木一郎先生，在经营文具公司之前曾经是人寿保险公司的领导者。一段时间内，保险公司的业务很不景气，桂木一郎为自己的团队制定了目标，达不成任务的必须受到处罚。一个月过去了，团队绝大多数人都没有完成任务，包括他自己。亲近的下属请示他，就不要按照制定的办法执行吧，所谓法不责众。

但桂木一郎马上拿出月薪的一半上交公司，率先认罚，结果当然没有完成任务的员工都受到处罚。接下来，为了给员工做出表率，桂木一郎采取富有想象力和创造力的推销方式，经过不断地努力，在半年之内取得签订百余件合同的惊人战绩，兜揽的人寿保险金额达到1.6亿日圆。

员工受到激励，措施得到贯彻，保险公司的业绩飞快提升。正是有了这种优秀的执行力，桂木一郎才一举辞去了保险业务员职务，在东京自办文具公司。

可见，如果领导者率先示范，带头执行，将团队的每一个环节都加以落实，就不可能出现什么推诿和拖延，执行效果也会得到展现。由此看来，领导者不应老是责怪员工没有执行力，首先该问自己，按照规定完成任务了没有，自己是否在每个环节上落实了公司的规定，如果从自己做起，员工的执行力肯定会大幅度提升。

执行只是完成任务的规定动作，不是医治百病的灵丹妙药；企业的发展、团队的进步受到很多因素的影响，比如，外部环境、员工组成、决策可行性，等等，执行只是问题的一个方面，不能将所有问题的解决都寄托在执行上。很多领导者一味地强调执行，而不告诉员工如何执行，也不教导员工如何提高执行力，一旦出现问题，就责怪员工没有认真执行。一些领导者的管理模式迟迟没有改变，按照传统的方式管理员工，导致员工执行力不高或者无法执行。有的领导者对执行的管理不科学，没有现代化的考核标准和管理方式，执行成效到底如何，是长期效益还是短期效益，都无从考核。

一些领导者在对待执行的问题上没有一视同仁，对自己亲近的人和一般员工执行双重标准，导致执行者心存怨气，让执行效果大打折扣。

领导者的执行贯穿在企业文化、组织架构和人员调配等各个方面。具体到领导者个人的生活和工作，以及各种事务和决策等，都要贯穿执行。

日本三洋电机公司的创始人井植岁男，是一位特别强调成本意识的实业家。他从松下电器公司辞职后，自己创办了生产脚踏车电灯的公司。公司成立之初，没有资金，没有员工，产品没有销路，自己的做法得不到家人的支持，可谓困难重重。这位从一线岗位上过来的领导者知道自己必须全面落实执行，降低成本，做出实实在在的成绩，才能解决问题。他认真研究了车灯，发现销不出去的原因既非品质，也非款式，更不是用户不需要，而是价格太高。于是，他决定从控制成本入手采取措施。

在三洋公司工作的老员工都清楚记得，井植岁男绝对不会忘记任何事情，哪怕是工厂补料这样的小事。井植每天都要和各式各样的人打交道，政府官员、销售人员、工人、客户，等等，他随身携带一本笔记本，将自己接触的人、交办或完成的事情都记录下来，这样绝对不会忘记，也没有员工能够和他玩花样。

在培养和任命人才方面，井植更是执行的高手，他会找到每个中意的员工谈心，了解他们的个人特长、自身优势，以及与公司的磨合程度，并与他们认真交流，让他们融合到公司的大家庭中，等一切准备就绪之后，才决定让员工到合适的职位上。

创业之初，对于新产品研发和生产、产品的销售等，都非亲自执行不可。这些都确保了公司能按照领导者的意图发展，并切实提高执行力。

为什么很多团队在创业之初能够得到很好的发展，而达到一定规模之后反而停滞不前，甚至倒闭破产了呢？一个重要的原因就是，团队领导的执行力减弱了。为了确保这种执行力长久不衰，必须苦练内功，从自己做起，全面落实执行。

要培养领导者的执行力，发挥示范和榜样作用，在团队中建立起"执行文化"，一旦这种文化形成，团队里上下人等都自觉地提高执行力，全面改善自己的执行方法，执行效果也明显改善；并且这种文化一旦在团队中扎根，将生生不息，让领导者受益无穷。这就要求领导者必须带头执行，比如，最简单的作息制度一旦制定，领导者绝对应该以身示范，一旦违背，率先接受处罚，千万不要因为事小而不为，让团队执行文化受损。一旦身先士卒，很多员工都会心悦诚服地将工作执行得更好。

当然，对于领导者来说，执行力不是一蹴而就的事情，执行力由领悟能力、计划能力、指挥能力、协调能力、授权能力、判断能力、创新能力等各种能力综合形成，必须不断学习和训练，才能做好无处不在的执行。

三、经常性地计算

计算应该是会计的事情，与领导有什么关系呢？其实，很多领导者失败就在于没有经常性的计算，到最后再来计算，才发现留下的亏空已经无法弥补。在现代社会中，薪水领取、投资理财、银行贷款、水电费、保险交纳，等等，都需要和数字打交道，计算是每个人都必备的技能；作为领导者，更需要经常性的计算，才能保证自己的事业抵达胜利的彼岸。

中国台湾最知名的大企业家塑胶巨子王永庆，一个白手起家的实业家，成为年轻人心目中最崇拜的创业英雄。王永庆被戴上"塑胶大王"、"经营之神"的桂冠，仔细探究创业历程，可以发现其成功是与计算分不开的。

王永庆自幼家境十分贫寒，经常受冻挨饿；15 岁小学毕业后，先到茶园当杂工，后来又到一家米店当学徒。王永庆非常注意学习，除了完成自己送米的本职工作以外，悄悄学习老板经营米店的窍门。在累积了一定经验之后，刚满 16 岁的他就向父亲借了 200 元，在嘉义县自己开办了一家米店。

米店刚刚开业，王永庆就遇到了困难。他的米店生意总是不见好转，有时候根本就没有顾客。王永庆详细地做了调查，并认真计算，发现县城的人口并不少，米的需求量也并不小；原来嘉义县生意不好做的原因是，很多老米店都拥有一部分固定的老顾客，他们一般不到新开的米店照顾生意。

王永庆决定亲自上门服务，一家家地走访附近的居民，终于请来几位顾客购买他的大米。他每次都将大米送到顾客家里，除了一些额外的服务，如掏出陈米、清洗米缸之外，还总是拿着一个本子，注意收集客户用米的情况；家里有几口人，每天大约要吃多少米……经过计算得出，哪家买的米快要吃完了，他就主动把米送到那户人家。在对老米店的观察中，他发现他们的营业时间比较固定，于是他让自己的米店提前开门，延后关门，每天要比其他米店多营业四个小时以上，随时买随时送。即便半夜买米，也一样提供服务。

王永庆的大米生意越来越兴旺，米店的营业额大大超过了同行店家。王永庆又开始了计算，买米然后卖出去，赚取的只是少量的利润，要是自己买来稻谷加工，那就不一样了。于是，他开办了一家碾米厂，获得了高额利润不说，还保证了大米的品质。

从那以后，王永庆精于计算，先后开办起砖瓦厂、木材行、生产 PVC 塑胶粉的工厂，等等，到了 1954 年，他筹资创办了台塑公司。

计算可以随时盘点自己的经营状况，检查存在的问题；计算可以精确地得知自己的经营思路是否正确，管理方式是否需要改进。很多领导者用心思考，勤奋努力，但多年过去了，事业总不见长进，结果发现，他们对自己的经营状况记的是一本糊涂账。

阿信的儿子和田一夫创立了闻名于日本乃至世界的零售业巨头八佰伴集团。通过急剧的商业扩张，八佰伴迅速成为连锁店遍布亚洲的超级企业，员工近 3 万人，年销售额达 5000 多亿日圆。但 1997 年，公司宣布破产。

八佰伴的破产虽然与亚洲金融风暴的冲击密不可分，但公司的领导和田一夫不精于计算却是失败的主要原因。八佰伴集团属于家族式经营，和田一夫带领员工冲锋陷阵，却不善于精打细算。比如，八佰伴后来将总部搬到中国香港，将办公大楼租在房价昂贵的沙田，并且在长达五六年的时间里，有 1/3 的地方一直空置，无人过问。大量的租金势必影响公司的经营成本；而采购过程中出现的人为问题，导致采购的商品价格提高的现象，更比比皆是。

和田一夫让弟弟和田晃昌做日本八佰伴的总裁，和田一夫每年听到的都是盈利的好消息，结果才发现，连弟弟在内的全体下属都向他汇报假账，而他一直被蒙在鼓里。如果花一点时间认真计算一下，不难发现其中的漏洞。

经常性的计算可以减少领导决策的随意性，提高科学性和准确性。同样以八佰伴为例，在连锁店的选址上存在缺乏科学性和脱离当地环境的问题。百货店有科学规律，一般人口在 30 万~40 万以上，有发展前景的新市镇可以开设一个中小型商场，而八佰伴却在香港人口较少、流动人口不多的新市镇开设了大型商场，结果销售额做不上去，从开业到关门一直亏损。

八佰伴的大型商场片面追求大型化、全面化；随着楼价飙升、租金暴涨，八佰伴不但丝毫没有改变这一现状，还盲目扩大经营规模，追求开店的数量，结果越陷越深，最后只得破产。

事后，很多业界的人都觉得不可思议，有一点基本数学知识的人都不会犯这样低级的错误，为什么八佰伴这样庞大的跨国企业居然不知道呢？看来，领导者绝对不能只看最后的报表和资料，必须亲自开展经常性的计算。投资了多少，赚了多少，亏了多少，只有自己计算出来的资料才是最真实的。

经常性的计算可以做到心中有数，不断增强自己的信心。卡内基一生都在计算，少年时代，他将菲薄的工资留下一点作为买书和日常的开销，其余的全部上交母亲，他计算着有一天能依靠积蓄投资赚钱。

这个想法在 1856 年得以实现，在朋友史考特的劝说下，卡内基决定买下 10 股共计 600 美元的股票。此时，卡内基的所有积蓄只有 60 美元，怎么办？当晚卡内基经过仔细计算，将结果告诉母亲，得到了母亲的支持。母亲去堂兄那里借到 500 美元的贷款，完成了卡内基的第一次投资计划。结果，当年就得到了不菲的分红，依靠计算，卡内基尝到了投资的甜头，更加坚定了投资的信心。

四、用口才去征服

据说，著名政治家、英国首相温斯顿·丘吉尔在少年时代有口吃的毛病。为了克服这种毛病，他常常口含石子面对大海演说，长期刻苦努力训练，终于克服口吃的毛病，经过不断地学习，成为优秀的演说家。

在第二次世界大战最危难的时刻，丘吉尔出任英国战时首相，凭借较深的文学造诣和卓越的演说能力，他发表了无数演讲。其中，在德军于 1941 年 6 月 22 日大举入侵苏联的当晚，丘吉尔发表了援助苏联抗击德国法西斯的演说。这篇演说让英国士兵的士气备受鼓舞，让英国民众热血沸腾，加入了反对法西斯的战斗行列。

丘吉尔也因此被美国《展示》杂志列为近百年世界最有说服力的八大演说家之一。他之所以成为英国历史上伟大的首相，与优秀的口才是分不开的。基于此，现代人更认为好口才是成功领导者必备的重要资本。美国政治家富兰克林曾经说过，说话和事业的进展有很大的关系，是一个人力量的主要表现。

口才就是利用语言表达的才能。善于利用口才的人，可以不战而屈人之兵，可以化干戈为玉帛……这样的例子不胜枚举。领导者带领一个团队，影响很多人的发展，口才的好坏至关重要。

很多领导者都是具有很好口才的演讲家。松下幸之助先生虽然貌不惊人，但他经常在公司的集会上演讲，在公司最危难的时刻鼓舞大家的士气，在公司发展顺利的时候号召大家保持谨慎。晚年的松下成为全世界的优秀企业家，也和他的演讲分不开，他在全世界各地演讲，推行他的管理之道、用人之道和经营之道，松下经验为全世界各大企业纷纷效仿。日本的优秀企业家很多，如果没有优秀的口才推行他的管理方法，松下不可能脱颖而出。

领导者必须具备优秀的口才，将自己的思考和决策表达出来，如果口齿愚钝，如何说服下属和对手呢？

卡内基钢铁公司的首席执行官齐瓦勃本来是美国的农夫，学历很低。但他一直没有失去发展的雄心，而是不断地刻苦读书，努力学习，默默地累积着工作经验。

齐瓦勃的晋升最终来自于他的良好口才。一次，他在角落看书，公司经理发现后，将他叫到办公室，齐瓦勃不卑不亢地回答："我想我们公司并不缺少打工者，缺少的是既有工作经验又有专业知识的技术人员或管理人员，对吗？"此话立即引起经理的注意，不久就将齐瓦勃升为技师。齐瓦勃还经常对同伴们说："我不光是在为老板打工，更不单纯为了赚钱，我是在为自己的梦想打工，为自己的远大前途打工……"

齐瓦勃一步步成为总工程师、总经理，后来被卡内基任命为钢铁公司的董事长。充分展现齐瓦勃口才的是摩根对卡内基钢铁实施并购的那次，在齐瓦勃的谈判下，摩根不得不接受苛刻的条件，让卡内基获得了超值的报酬。

口才在社会生活和人际交往中具有不可替代的作用。领导者经常是振臂一呼，带领人们完成任务。任务的完成并不是有多少物质刺激，而是强大的精神力量，让人们受到激励和鼓舞，爆发出超人的力量。俗语中有"舌灿莲花"的说法，就展现了语言的可贵。过去的媒婆是非常有口才的人，她可以掩饰男女双方的缺点，巧妙地夸大优点，让一桩姻缘成功而圆满。媒婆不是欺骗而是利用口才的力量，完成撮合的任务。

领导者是团队的领袖，是很多人的指挥和代言人；良好的口才是一个好领导者不可或缺的重要能力。无论是待人接物，还是实施管理，领导者都不可避免地要和人打交道，必须靠良好的口才表达自己的意愿；如果没有好的表达，领导活动将无法实现，有效的领导也是空谈。今天，瞬息万变的全球化和信息化时代已经全面到来，每个领导人都应该具备缜密的思维和卓越的口才。有了好的口才，领导者在大量的公开活动中，就能准确地传达自己的思想和心声，发表鼓舞人心的演讲，达到传达管理意图、振奋人心的作用。

领导者也应该具备这样的口才，让竞争对手拱手相让，让下属心悦诚服。在一个陌生的环境中，讲话滔滔不绝的人必然比沉默寡言的人更容易获得众人的瞩目。那些优秀的政治家都是能言善辩、机智幽默的演说家。

口才好的领导者可以发挥特长，让事业获得成功。能在大庭广众之下不动声色地发表演说，准确传达领导阶层的意图，让下属能按照你的方式去执行，才能出色地完成工作任务。作为下属也必须具备好的口才，将你的想法表达出来，引起领导者、同事和群众对你的了解，获得大家的信任和尊重，才可能获得更多的晋升和发展机会。

一个口才良好的领导者可以弥补自身的很多不足，让自己更具优雅的风度。具有智慧的领导者能在语言表达中展现沉着冷静、才思敏捷和富于经验的工作风格，这是在长期工作中形成的。具有这种风度的领导者能一语中的，让对手甘拜下风；能智慧地辩解，让自己巧妙脱身，沉着和老练，并获得最后的胜利。

五、提高交际能力

处在领导职位上的人需要与各式各样的人和事打交道，需要正确而又有效地处理人与人之间的关系；人际关系处理好了，事情进展就顺利，处理不好，会给自己的发展带来严重阻碍。这时就需要将交际能力的问题提上议事日程。从一定意义上说，交际能力是领导能力的外在表现；没有交际能力，领导者的意志无法贯彻到基层员工身上，没有交际能力，领导者无法协调与竞争对手、客户和社会的种种关系。

现代人类对交际能力越来越重视，有专家将决定一个人事业成功85%的要素归结到他的交际能力上。既然交际能力这么重要，那就应该准确地认识交际能力，发现交际能力的薄弱环节。通过下面的问题可以对交际能力有一个概括性的了解。

❶一位朋友请你吃饭，同时还提到有几位陌生朋友一起参加；对此，你的表现是：

A. 对朋友说那天加班或出差，肯定不能去。

B. 愿意去，并且答应早点去帮朋友的忙。

C. 欣然接受，将这次活动当成一次结识新朋友的机会。

❷一位同事的电脑出了故障，问题比较麻烦，他请你帮忙看看，但你需要马上外出办事，那么你会：

A. 让他去找公司懂得电脑的同事帮忙。

B. 简明扼要地告诉他解决问题的办法。

C. 给他一个思路，比如，看看是不是病毒，让他自己想办法。

❸晚饭后，你正在看一部吸引人的电视连续剧，此时一个久违的好朋友登门拜访，你会：

A. 一边看电视，一边与朋友寒暄。

B. 将自己的想法告诉朋友，与他一起观看。

C. 离开电视机，与朋友一起做其他事情。

❹你经过努力获得一笔稿费，你将：

A. 把钱暂时存在银行。

B. 随便购买一些生活日用品。

C. 请朋友小酌一下。

❺你的邻居要去看电影，让你照看一下他们的孩子。孩子醒后哭了起来：

A. 让他哭去，继续做自己的事情。

B. 看看孩子是否需要什么东西。

C. 把孩子抱在怀里，哼着歌曲让他入睡。

❻在工作和生活的空闲时，你会选择做什么？

A. 待在屋子里看肥皂剧。

B. 去闹市购物。

C. 与朋友一起出去游玩。

❼同事家庭有困难，你常常是：

A. 力所能及地帮助同事。

B. 关系较好的就帮助。

C. 想尽一切办法帮助同事。

❽在交友活动中，你是一个：

A. 只和有相同爱好和兴趣的人相处。

B. 与兴趣、爱好不同的人也能暂时聊聊。

C. 在一般情况下，你可以和任何人交往。

❾手头并没有什么重要的事，朋友邀请你出去玩：

A. 你一口便拒绝。

B. 虽然拒绝，但一定要找一个理由。

C. 满口答应，欣然前往。

❿如果有朋友对你十分依赖，你会：

A. 不喜欢和这样的朋友交往。

B. 持中立态度。

C. 很喜欢这样的朋友。

如果选择 B 和 C 较多，说明你是一个具有交际能力的人；如果选择 A 和 B 较多，说明你的交际能力有待增强。

交际能力的培养也是一个由内到外、逐渐形成和提高的过程，不善交际的人通常表现为：不善言谈，性格内向，害怕抛头露面。要成为领导者，必须善于交际。如何克服上述弱点，培养起善于交际的能力呢？一个人的性格随着社会发展、个人阅历和知识的增加而改变，因此，不必为自己的内向而苦恼。要从性格的改变入手，尝试提高交际能力，要使自己让人喜爱，并成为其他人的好朋友。

现代舞之母美国人伊莎朵拉·邓肯长得非常漂亮，但早先性格有点内向，不善于交际，对事业造成影响，为改变这一性格，她主动改变自己。她激情似火地探索现代舞的发展，一心一意地专注于事业。终于她的社交圈子扩大了，养成了逍遥乐天的性格。对周围的人都保持友善的态度，乐于接纳他人的性格和观点，经常做出改变，具有时代气息……这些都保证了她交际能力的提升，促使她走上事业的巅峰。

有了性格保证，交际能力的提升还需要给人良好的第一印象。第一印象的好坏影响一个人的吸引力，它用个人穿着、言语、表情等来保证，其中表情是非常重要的，因为其他都是固定不变的，只有表情是不断变化的，因此，要善于控制自己的表情。一个好的领导者要做到不喜形于色，才能在人际交往中占据主动位置。领导者绝对不能虚伪和欺骗，要真诚为本，以诚相待，敞开心扉，在尊重他人的前提下，获得别人的尊重和信任。

华人首富、香港企业家李嘉诚先生的交际能力，来自于诚恳和虚心，当很多全球知名企业家来到李嘉诚先生的总部——坐落在香港维多利亚港湾的中环长江中心大厦观摩时，这位年近八十高龄的企业家居然站在电梯口迎接，并谦恭地和每一位来客握手。这样一个细节可以窥视李嘉诚作为一个优秀领导者的风范和平易近人的态度。

在人际交往中，还要注意一点，就是交友需要多多益善，在广泛的交往中，才能有选择地交友，不断扩大交际圈子。在广泛的人际交往中，还需要具备一定的观察能力。只有仔细观察，才能找到正确的交往方式；同事和上级有哪些习惯和爱好，都要认真观察，才能很好地应对。在交往活动中，必须具有较强的应变能力，这需要在实际交往中慢慢积累和锻炼，有了这种能力就可以化解人际交往活动中的很多危机。

六、发挥创造力

卡尔·本茨发明了汽车，而美国的"汽车大王"亨利·福特将人类社会带入了汽车时代。福特出生在农场，从小就对种庄稼颇有怨言，一心只在机械制造上，他拆装过很多机械，并惹出很多祸事。他偶然看到一名雇员将一台脱谷机引擎安置在轮子上，便萌生了制造能够自行前进的汽车的念头。

终于，他彻底告别身为农场主人的父亲，到位于底特律的密歇根汽车制造公司上班。在这家底特律最大的工厂，福特只需要半个小时，就能完成很多优秀员工花费好几个小时才能完成的机器修复工作，他不到一个星期就辞职了，先后从事机械、手表、船舶等修理工作，同时参加夜校学习，在学习过程中，他的创造力一次次闪现。后来，他来到爱迪生电气公司上班，并学习电气知识。

不久，福特研制出自己的汽油机。通过无数次试验，福特制造出第一辆汽车。1899 年，福特在成功制造出 3 辆汽车后，与别人合作成立了底特律汽车公司。由于员工没有经验、零件品质不好、采购不及时等原因，公司在造出 20 辆汽车后关闭。1901 年，他以赛车获得了比赛胜利，再次成立汽车公司，由于达不到批量生产汽车的要求，福特被投资商唾弃。

一次次的失败没有让福特止步，反而激发了他的创造力，他不断改进汽车结构。终于在 1903 年，再度与别人合作建立了汽车股份公司。公司制造出性能稳定的 A 型汽车，成为全底特律最为忙碌的工厂。1906 年，福特推出 N 型车，接着推出了 R 型、S 型等车。

1908 年，福特制造出与众不同的 T 型车，并采用了先进的流水线装配法，发展成为由机械传送带运送零件和工具，大大提高了工作效率；采用低价销售策略；提供充足的零部件和及时的售后服务保障；大幅度提高工人工资。一系列先进方法的采用，让福特获得了巨大的成功，人类从此进入汽车时代。

是创造力成就了福特，在一次次失败后，如果没有一种热情的支撑，福特很难创造出改变人类进程的 T 型车。福特紧紧把握少年时代的梦想——制造出廉价的汽车，不断学习先进的知识和管理经验，长期坚持不懈地奋斗，终于产生了独创性的成果。我们说，福特是一位有创造力的领导。

那些优秀的领导者都是富有创造力的。全世界最大的搜索引擎公司谷歌公司（Google），从两位博士生的课题中走出来，创造了网络神话，充分展现了创造力的价值。

在实际生活中，有的人一天一个新思路，花样不断翻新，似乎有不可遏制的创造力，而有的领导者却几十年都没有创新，最后将自己逼上死胡同。那么，创造力到底存在于什么地方，究竟如何发挥创造力呢？有关专家研究发现，每个人都具有不同程度的创造力，如果能够营造一个良好的环境，创造力就可以得到发挥。这些环境包括宽松的环境，一个人处于相对宽松和心情愉悦的状况下，最能够发挥创造力。如果整天忧心忡忡，压力很大，如何能创新呢？但一定需要的压力是必要的，没有压力就没有动力。还要有挑战和勇敢的精神，才能发挥最大限度的创造力。

李嘉诚先生原本在舅舅的公司做一名高级管理人员，过着衣食无忧的日子。但在舅舅的护佑下，他始终不能发挥创造力，有一天，他认为自己应该出去闯荡一番了，好在舅舅也没有阻拦。李嘉诚什么都没有要，直接进入香港社会，从推销员开始了商业生涯。此时的李嘉诚主动为自己寻找一个既宽松又有生存压力的环境，这样的环境最适合创造力的发挥。

综合李嘉诚的创业，我们可以得知，为什么很多公司在创业的时候很有创造力，能取得一个又一个的突破，发展到一定阶段之后反而停滞不前，丧失了活力，原因就在于激发创造力的环境改变了。

一个优秀的领导者要不断发挥创造力，让团队处于富有创造精神的环境之中。为了保证自己的创造力不至于枯竭，谷歌的创始人拉里·佩奇和谢尔盖·布林坚持为自己创造一个宽松而又有压力的环境，虽然他们都是亿万富翁，但他们经常和同事们一起进行棒球比赛，或骑着自行车在山地上飞奔。

　　为了让公司员工有一个富有创造力的环境，谷歌可谓煞费苦心，他们将公司总部修建在绿草如茵、风景秀丽的山坡上，还按照每个员工的要求装修办公室，力求做到个性化。公司让员工保持随意的穿着，甚至可以踏着滑板在公司的走廊上穿梭。这些让业界大跌眼镜的怪异做法，保证了公司的无限创造力。

　　创造力来自于创新思维，很多领导者缺乏创造力，归结到一点就是思维封闭。创造了汽车神话的福特先生，到了晚年却故步自封，坚持制造一成不变的 T 型车；其后代更缺乏创造力，坚持家族传统，牢牢将公司控制在家族的手里。虽然福特的孙子亨利二世将福特公司带入现代社会，雇用一些优秀的员工使福特汽车的设计跟上时代潮流，锐意改革，纠正了公司的一些错误做法，力求让系列汽车多样化，并成功地让公司进入纽约证券交易市场，募集到巨额资金。但家族成员创造力的缺乏，使得福特的这次改革仅仅取得昙花一现的胜利，结果难免被一些后起之秀轻易击败，逐渐身负债务，濒临破产的边缘。

七、处理好公共关系

　　在政治生活中，公共关系作为一个重要的环节，历来被领导者看重。在美国，总统选举的过程就是一个公共关系的较量。

美国前总统杰克·肯尼迪先生的公众形象原本并不好，在邻居眼里，他甚至有点粗鲁、多情和淘气，与民众要求的领导形象不相符合。杰克·肯尼迪对自己能成为总统信誓旦旦，他之所以能够登上总统宝座，完全得力于父亲乔·肯尼迪的努力运作。

乔·肯尼迪在生意场上滚打多年，善于推销、广告和各种公关活动。他被誉为美国政治史上第一个懂得在政治领域搞公共关系的人。这位年富力强的父亲对儿子说："我能够将我的商品推销出去，也能将你推上总统的宝座。"

为了实现这一目的，乔·肯尼迪早在一年之前就开始认真的准备。首先，他开始筹备竞选资金，先后找到诺尔曼·比尔茨、韦尔布林·布拉克等大亨，还找到玛丽莲·梦露这样的当红影星。一段时间的努力工作终于得到回报，他筹措到 2000 万美元的资金，加上自己的 3000 万美元，竞选经费已经非常丰厚了。用这些钱买来游船和飞机，为杰克去各地演讲提供了许多别人没有的交通工具。乔·肯尼迪还将肯尼迪家族全部动员起来，所有人都为了这一目标而操劳和奔走。

接下来，就是一连串的拉票工作，在这个公共关系活动中，杰克·肯尼迪的夫人杰奎琳发挥了重要作用。她充分发挥语言方面的优势，在不同的地方，她根据需要讲西班牙语、法语、意大利语或波兰语。随着这些不同的声音，肯尼迪的名字深深印入美国民众的脑海。为适应外出活动，杰奎琳学会了吃快餐，学会了携带很少的衣服，学会了大声叫喊，学会了与不同的人握手言欢。她穿着雍容华贵，受到美国各界的欢迎。

肯尼迪终于如愿以偿地当上了美国总统，这与众人围绕这一目标开展的系列公共关系活动密切相关。领导公共关系已经成为领导者生活必需的内容。一个团队的领导者树立自己和团队的形象，必须通过各种沟通手段，如媒体广告、直接演讲、宴会活动等大众性质的活动，来影响公众的印象。社会发展到今天，公共关系已经成为一种社会交往活动的科学与艺术，领导者要密切并处理好与下属的关系、与社会的关系，将团队管理得更好，必须正确处理内部和外部的公共关系。

以一个企业为例，领导者处在中心位置，不可避免地与众多人员发生关系。这些关系包括上级和下级，组织内部的下属、同事之间的关系，居住地的邻里、社区关系，同行和竞争对手的关系，报纸、电视和网络等媒体的关系，与顾客和客户的关系，与业务对象和本组织有关的其他社会组织和社会公众的关系。作为领导者，团队的公共关系主要由他负责，代表本团队从事公共关系工作，处理各方面的关系，以便让团队处于良性的运转状态。社会竞争日益激烈，任何企业要想生存和发展，必须得到社会大众和相关社会组织的支持，有效的公关活动显得非常必要，领导者在这一活动中的地位和作用就可想而知。

J. P. 摩根是一个重视公共关系的伟大企业家，他身材魁梧，满脸络腮胡，一副桀骜不驯的样子，掩饰不住他的勃勃雄心。20世纪初，经过一系列的并购，摩根集团已经成为操纵美国金融的大鳄，它的一举一动都会影响华尔街的行情。在这样的情况下，美国通过了《反垄断法》，法令一出，摩根成为众矢之的，各种抱着不同目的的人将矛头对准摩根，摩根集团岌岌可危。为挽救公众形象，摩根不顾九十岁高龄的老迈之躯毅然走上法庭，为自己的团队辩解。

虽然摩根集团最终败诉，但摩根捍卫了自己的名誉，捍卫了公司的大众形象，摩根虽败犹荣。作为团队的领导者，摩根达到了争取美国大众的理解和支持的目的，为摩根集团建立了良好的组织形象和社会声誉；虽然摩根集团不可避免地一分为二，但摩根先生利用巧妙的公共关系活动，为子孙的发展创造了一个良好的内外部环境。摩根大通、摩根斯坦利等从摩根集团分出来的公司，纷纷获得很好的发展。

公共关系在于日常的累积，这就要求担当大众形象代表的领导者，在日常工作和生活中一直坚持不懈地注重形象的维护。在维护形象的时候，必须以大众利益为出发点，一切发展和进步都必须顾及社会责任感。微软公司的企业形象一直很好，但在美国本土、欧洲等地，都遇到反垄断诉讼，微软公司总裁比尔·盖茨一度陷入官司的旋涡，但一切活动似乎都无法削弱微软的龙头地位。盖茨依靠自身的勤俭与随和保持清新的形象，盖茨夫妇和微软公司依靠大量的慈善捐赠修复受损的形象。

很多领导者在公关活动中只考虑眼前利益，而不顾及长远效果。但是，一个组织要与大众建立良好的关系，塑造美好的形象，不是一日之功能够取得效果的，而必然是长期艰苦努力的结果。企业也好，个人也罢，良好的形象都是日常累积的产物。

很多领导者不注意礼仪和举动，结果使自身和团队形象都打了折扣，所以，不拘小节是领导者的大敌，领导者绝对要注重礼仪等"小事"和"小节"，要遵守必要的礼仪规则，展现出一定的学识、修养、风度，给大众树立一个良好的形象。因此，很多领导者都非常注重大众形象，在大众视线之下，都要风度翩翩，谈吐优雅，举止得体，待人接物和蔼可亲……做到这一切，就为团队的公共关系活动打下了良好的基础。

第六章　提升素质，终成大器

一、健康的身体是前提

在个人素质中，首要的素质是健康的身体。现代社会竞争压力越来越大，领导者要在竞争中取胜，健康的体魄是根本保证。

生于1928年的台塑集团董事长王永庆，耄耋之年依然思维敏捷、身体健朗，其事业也逐渐壮大。在多年的打拼中，王永庆养成了一套独特的养生之术，确保身体健康。他很小的时候就明白这样一个道理：一个人只有保持良好的身体状况，才可能有成功的事业。

说到王永庆的养生之道，最基本的就是"劳动、勤作"，他的这种健康理念来自于高龄的母亲，母亲一百多岁时依然身体健康，能够在台塑大楼顶楼种菜劳作。

除了年轻时代专注于事业，艰苦劳作，打下了身体基础之外，事业有成的王永庆很重视养生。他注重早睡早起，定量运动，晚上九点多去睡觉，凌晨三点起来做毛巾操，看公文，思考决策，等到早上六点再花一点时间睡觉，八点一过就到公司。

曾经热衷于高尔夫球的王永庆，到了晚年以慢跑和游泳的方式锻炼身体，并练习打坐，以"还原六法"对身心进行调理，在饮食上崇尚简单。

有了这样健康的身体作保证，王永庆可以长年在管理岗位上战斗，坚持执行"午餐汇报会"——让管理人员利用午餐时间向他汇报工作，既提高了会议效率，又能解决实际问题。

很多领导者对成功的理解超出常人的看法，一些成功的企业家甚至认为，拥有财富和事业并不是成功的表现，如果能以健康的身体和积极的心态，迎接每天的太阳，那就是一种成功。的确，如果没有健康的身体，金钱、财富、事业都是过眼云烟，健康的身体和心态、积极向上的精神，才是一个人应该努力追求的东西。

很多领导者忙于事业，经常忽略身体锻炼，不注重身体健康，结果英年早逝，或者过早离开事业的舞台，其损失是无法弥补的。领导者也应该具备一定的健康常识，除了定期进行体检之外，可以从日常的体验观察中得出健康与否的结论。

可以随时准备一支温度计，测量体温，正常体温保持在 36℃ ~ 37℃ 之间，否则就是"发烧"或"低体温"。发烧可能是感冒、虚火上升等引起的，低体温则往往出现于体弱老人、长期营养不良者，还有可能是甲状腺机能减退等导致的。可以抽空测量一下脉搏，在 60 ~ 100 次之间为正常，如果出现过速、过缓、间歇强弱不定、快慢不等，均为心脏不健康的表现。健康人的呼吸平稳而有规律，每分钟大约 15 次，如发现呼吸的深度、频率、节律异常、呼吸费力、有胸闷、憋气感受的现象，则需要到医院检查。健康人的体重应该维持在一个相对稳定的范围内，如果在短时间内出现消瘦或发胖，均是不正常现象；消瘦需要考虑的是糖尿病、甲状腺亢进、癌症、胃、肠、肝疾患的出现，发胖则和高血脂、糖尿病等相关。还可以通过睡眠的正常与否、精神是否饱满，来判断自己的健康状况。

身体健康在于日积月累的锻炼和保养，也在于对事业倾注全部心血，不断努力奋斗。著名企业家、日本的松下幸之助年轻时期，身体瘦弱多病，精神抑郁，让家人都非常担心；但到了晚年，却马不停蹄地四处奔走，宣扬自己的管理理论，保持蓬勃朝气，充满无限活力。

他能保持健康的身体和年轻的心态，秘诀在于内心始终充满了希望。生活中有了希望，也就提高了生活的品质，并能使人永远显得年轻和充满朝气。松下不仅这样，还以高昂的斗志创办了事业，艰苦奋斗。尽管松下公司取得了辉煌的业绩，但松下先生却能够清醒地认识到自己的差距和不足；作为企业领导，他能不断地向前看，不断地发展自己的事业。在经营过程中，他始终贯彻顾客至上的精神，保持谦虚和以身作则的品格，成为一个优秀的经营者和管理者。长期以来，松下先生形成了一种柔韧的风格，他一贯生活俭朴，言谈举止淡泊而达观。

从松下先生的身上，我们可以初步了解保持健康身体的必要条件。首先，要树立远大的理想，如松下要建立最大的电器企业一样，有了远大理想，才能胸怀宽广，对琐碎小事不耿耿于怀，始终保持快乐的心态。有了远大的理想，就可以保持艰苦奋斗的精神，不向任何压力低头，勇敢地接受各种苦难的挑战，越战越勇。

要保持健康，就要坚持一种规律的生活态度，将各种生理机能发挥出最好的效应；规律的生活包括合理的饮食习惯和最适合自己身体的锻炼方法。吃东西不是越多越好，而是适量；锻炼身体也不是多多益善，而必须根据个人的兴趣、爱好和自己的体质状况。

还要保持活泼、热情奔放的性格，融入团队之中，调整心态，消除疲惫；当疾病来临时，要端正态度，积极采取治疗措施；要永远不服老，要想到自己永远年轻；忘记悲伤和痛苦，永远保持微笑。

二、个人形象设计

个人形象的好坏与领导素质有无关系？是否会影响事业的发展？很多人的回答是否定的。他们可以举出很多例子来说明这个问题。比如，身高只有 150 公分左右的拿破仑，却成为影响人类历史的伟大政治家、军事家；在大学时候，就罹患肌肉萎缩性脊髓侧索硬化症的斯蒂芬·威廉·霍金，丧失了语言能力，依靠轮椅活动，却成为继爱因斯坦之后人类最伟大的科学家。火气旺盛，容易发怒，粗暴无礼的巴顿将军，常以放荡不羁的牛仔形象示人，却不影响他成为第二次世界大战期间美国伟大的军事将领。其实，这里对领导者个人形象的理解都失之偏颇，领导者的形象是一种文化，是一种综合素质的展现，而不是简单的外貌、作风形象。由各种元素综合而成的个人形象，是领导者的素质中重要的因素。

领导者形象主要由两个方面的内容构成。最直接的就是外在形象，包括由身高、相貌、服装、修饰等组成的外在仪表和由言谈、举止、行为、风度等组成的动态形象。有的领导服装华丽、整洁，举手投足温文尔雅，风度翩翩，一见面就给人留下深刻的印象。内在的形象主要指人格，它是外在形象的基础。如果人格出现了问题，即便相貌堂堂，仪态万千，也会使整体形象受损，领导者魅力也无法展现。

熊万慈是和顺实业集团公司的董事长，他身材矮小，作风简朴，为人低调；他的弟弟熊万祥是公司的总经理，长得高大伟岸，英俊潇洒，经常开名车、穿名牌，作风张扬。但无论内部员工或社会舆论，都认为熊万慈是真正的企业家，而熊万祥只不过是一个小角色。熊万祥在实施管理的时候，遇到重重阻力，而熊万慈人还没到，事情就能得到及时解决。

可见，在个人形象中，外在仪表只能占一小部分。对领导素质产生决定作用的个人形象，主要包括除了外在仪表之外的其他方面，一个好的领导者在于不断提升个人形象，得到广大群众的认可，这样的领导形象才是好的形象。总之，领导者形象包括：①社会形象，即是否具有社会责任感、公众舆论的评价如何；②道德形象，即是否具备良好的道德素质，是否在道德的范围内做事；③权力形象，即运用权力的技巧；④情感的把握，即是否能有效地控制自己的情绪，做到神态自若；⑤公关形象，包括外在仪表、内在礼仪等；⑥文化形象，代表一个领导者的文化内涵。

了解了领导者形象的组成和含义，就应该认识一下领导者形象的塑造。领导者形象塑造可以分为对外形象和对内形象的塑造。

领导者的对外形象主要依靠媒体转述、公众场合的曝光情况来实现。一些领导者很注意自己的形象，在公众场合不但注意自己的仪表，还敏于思、慎于言；他们一般不随意抛头露面，一旦出现在公众面前，一定是朝气蓬勃、正直诚信的。首先，他们谦虚谨慎，不以自己的成就骄人，而是尊重社会和大众的情感；一般不轻易许诺，一旦承诺的事情，绝对要实现；他们慷慨大方，在社会具有危难的时候，能奉献自己的财富……通过很多策略，树立自己的良好形象。当然，策略是一方面，真正的形象还在于几十年如一日的坚持，不断改善内在品德，保持光明磊落和健康生活作风。那些欺骗大众的领导者可能会一时得逞，但没有不透风的墙，时间一久，自然会暴露本来面目。

领导者经常打交道的是团队内部的员工，得到员工的认可，才能照顾好自己的事业，因此，内在形象的塑造更为重要。一个好的领导者要懂得尊重员工。员工与领导者是为了一个共同的目标而一起战斗的人，不存在地位的悬殊和身份的差别，领导者把握这一点，尊重问题就解决了。

尊重是相互的，领导者只有尊重员工，才能得到员工的认可和尊重，其领导风格也就自然建立起来了。在对下属进行管理的时候，应该多建议，少发布命令，每个员工都有自己的思维方式，一个团队只有互相尊重，才不至于伤害对方的自尊心，一旦伤害了员工，领导者在员工心目中自然会留下一个不好的印象。

要充分信任下属，听从下属的不同意见。自以为是

的领导者自然会拒人千里之外，得不到员工的信任，领
导形象也自然得不到改善。如果能够虚心请教、平易近
人、乐于听从建议，员工就会喜欢这样的好领导，也就
不会为领导形象着急了。

如果出现领导形象危机，要尝试一些措施加以改善
和修复。比如，借用媒体的力量，向公众公开而真诚地
道歉，说明自己的实际情况，争取得到公众的谅解。采
取一些公关手段，比如，进行慈善捐赠、参加公益活动
等，来修复自己的大众形象。在团队之中，可以采取努
力承担责任的方式，当团队业绩不佳，执行不力，要首
先将责任揽过来，替下属分忧。

刚从总部调来的销售部经理黄品惠感觉自己被降
职，情绪非常不好。刚到销售部就发号施令，让员工战
战兢兢，结果销售业绩逐渐下滑，黄品惠的个人形象也
一落千丈。后来，总部领导找来黄品惠，化解了不良情
绪，黄品惠在销售部当众做了检讨，并主动扣减自己当
月奖金，这一举动赢得了员工的尊重，黄品惠也树立了
良好的领导形象。

三、自省贵在自觉

自省就是自我反省，自我检查，以便发现自己的短
处、缺点和过失，从而能够总结经验，取长补短，纠正
过失，获得更大的进步。与常人比起来，领导者更需要

自省，因为领导者的特殊位置，不容易听到反面意见，更不要说批评，如果不经常反省，就无法正确认识自己，也无法发现和改正错误，不但不能提高自己，反而会在错误的道路上越走越远。能够自省的领导者，是人格不断改善的领导者，是素质不断提高的领导者，是成熟和老练的领导者。

每个人都有缺点，都难以避免犯错误；因为人就是在不断克服缺点和改正错误的过程中不断进步的。很多人居于领导地位，便听不进逆耳忠言，也不能自省，总是沾沾自喜，自以为是，结果缺点越来越多，错误越来越严重，而自己却浑然不觉。

领导者在考虑如何加快发展的同时，更应该加大自省的力度。因为领导者的决策、行动、思想和创意，都关系到团队的生死存亡，必须经常自省，选择最佳的方案，避免出现难以挽回的错误。现代管理学提倡每一件事情都要既考虑速度、考虑品质，同时还要兼顾成本；在制定方案的时候，务必做出三个以上的解决方案。每位领导者都不可能十全十美，绝对存在考虑不周之处，存在薄弱环节。能主动承认自己无知的人，就会主动学习，获得知识，得到长足的进步。如果能觉察到自己有考虑不周的地方，就会想尽办法弥补那些欠缺，事情的结果就会尽善尽美。能自省到自己能力有限，就可以招聘到很多优秀的人才为自己服务。

无论从哪个方面来看，李健熙绝对是一个优秀的企业家，也是一位经常自省的人，但他在指挥三星集团的汽车投资上却犯了错误。

李健熙从父亲手中接过三星集团的领导位置，刚上任不久，他就宣布要把三星建设成为21世纪世界一流的公司；经过调整经营模式，三星获得了快速发展，到1999年，三星已经成长为韩国第二大企业，涉足5项不同的领域，拥有16万多名员工，年收入超过900亿美元。

李健熙是一位汽车迷，心头有一个一直未曾实现的梦想，那就是制造出自己的汽车。终于，拥有雄厚资金、技术和丰富人才的他，认为自己可以实现这个梦想了。1993年，李健熙宣布三星即将加入汽车行业，在韩国企业界引起了轩然大波。

当时，韩国正面临经济大衰退，经济危机席卷韩国，韩元大幅度贬值，进口原材料价格猛涨，国内对小轿车的需求量也因此大幅度减小，供给远远大于需求。公司也没有足够的资金来保证获得足够竞争力的24万辆年产量。三星向政府贷款被驳回，韩国的政府高官也坚决反对三星加入汽车业，并指出了很多问题。李健熙还将工厂设在釜山，首先地价高昂，耗费了大量资金，并且与日本日产公司签订了苛刻的合作协定。这一切都让三星汽车的发展雪上加霜。

很多人不看好汽车投资，连三星的管理人员也认为加入汽车业一点也不明智。然而，公司一系列优秀的战绩让李健熙忘记了自省，个人狂热替代了理智，他一意孤行地进军汽车工业。在一片质疑声中，公司于1998年推出了第一批汽车。

终于，缺乏自省的李健熙得到了意料之中的败绩。三星汽车销售不出去，给三星集团带来巨额的亏损。他自己也付出惨重的代价，不得不付出20亿美元的个人财产，为自己的错误决策买单。如果李健熙在决策付诸实施之前，能够认真自省，深刻思考，绝对可以避免这样的错误。

自省看似简单，但能做到经常性的自省却不容易，这是因为，自省常常受到外界因素和自身情绪的干扰。自省的主要目的在于找出过失及时纠正，常人都不愿意承认自己的过失和错误，领导者就更不容易了。因此，领导者自省的时候，一定要忘记自己的地位和已经取得的成绩，不能用自己的优点掩盖缺点。李健熙是一个能够自省的人，但一连串的正确决策，三星集团的快速发展，让他无法正确地自省，总觉得自己的决策是正确的，于是错误便产生了。

自省需要有宁静的心境，盛气凌人的领导，抱着高高在上的态度，本着自以为是的心态，是绝对无法自省的。在那样的状态下，一个人绝对无法看到自己的短处，更无法听进善意的规劝和指责，因此，就无法认真反省自己的过失了。

总的说来，自省贵在自觉，自觉的自省才是真正的自省，才能发现深藏在心底的隐患。自省如同挥刀解剖，挖掉身上的暗疮，如果没有相当的勇气和自觉，是绝对无法完成的。还有，自省是一种心理过程，一个人是否自省，外人根本不知道，也无法强迫一个人自省。只有发自内心的自觉，积极主动的自省，才能彻底克服骄傲自满情绪，克服自我良好的感觉，真正达到发现自己的缺点与不足，纠正错误，不断地向目的地前进。

自觉的自省可以用具体的形式表现出来，最好的办法就是写日记，在夜深人静的时候，保持平和的心态，将自己的工作和生活的点点滴滴都记录下来，从中发现哪些是错误的，哪些需要改进，不断总结，不断调整，让自己的人生之舟保持正确的航向。

四、活到老，学到老

美国人首先提出了学习型社会的概念，联合国教科文组织于 1960 年提出终生学习的初步概念；1972 年，联合国教科文组织开始倡导其成员国宣传实施"终生学习"原则。美国、日本等发达国家在 20 世纪 80 年代提出了由学历社会向学习化社会过渡的政策并开始立法。日本在 1988 年创设"终生学习周"，1990 年制定《终生学习振兴法》，并在首都东京成立了"终生学习信息中心"，将大阪建成"学习型城市"。1991 年 4 月，美国政府提出了教育发展的四大战略，要将美国变成学

习型国家，将社区变成大课堂。新加坡政府提出要建设
"学习型政府"。

20 世纪末 21 世纪初，随着世界科技、文化、经济
和社会的突破性发展，知识成几何倍数膨胀，一次性学
习显然已经不能满足个人进步和社会发展的需要，终生
学习的观念逐渐引起各国的认同和重视。今天，终生学
习思想逐渐成为流行于全世界的重要国际教育思潮。每
个人都应该改变"先学习，再工作"的陈旧的学习模
式，建立全新的"活到老，学到老"的学习模式。今
天，学习具有更加多样的形式，除了课堂学习、听演
讲、座谈会、读书会外，在家看书及旅游、观摩，都是
很好的学习方法。

现代人已经逐步接受终生学习的观念，领导者就更
应该"活到老，学到老"。终生学习是时代的要求，是
对自身能力的提升，是无法抗拒的时代潮流。钢铁大王
安德鲁·卡内基为了实现建立钢铁王国的梦想，养成了
终生学习的习惯。

出生于贫困家庭的卡内基，从小就继承了父母身上
积极进取的精神。全家移民美国后，中学尚未毕业的卡
内基不得不辍学帮助父亲养家糊口，去了一家纺织厂当
童工。在纺织厂的艰苦工作之余，卡内基还拖着疲惫的
身体参加夜校学习，了解复式记账法会计知识。会计知
识对他从事钢铁事业产生了重要作用。

后来，卡内基被电报公司录用，成为一名电报投递

生；为熟练掌握城市的街道，他拿着地图熟悉了城市的大街小巷。但他对工作并不满意，于是每天都提早一小时到达公司，打扫完房间后，就悄悄地跑到电报房学习打电报。经过日复一日的学习，使他很快就熟练掌握了收发电报技术，成为一名优秀的发报员。在收发电报过程中，卡内基不但熟悉每一家公司的名称和特点，还详细了解各公司间的经济关系及业务往来，从中学习到很多商业知识。

工作一段时间后，卡内基发现自己迫切需要读书，来弥补知识的不足。他在报纸上发现了一条消息：退役的詹姆士·安德森上校愿意将私人藏书无偿提供给青少年借阅。卡内基从此成为上校家的常客，阅读到很多好书，并养成了喜爱读书的习惯。他的这一习惯一直坚持终生，以至于在国外旅游的时候都手不释卷，终生学习的坚持成就了钢铁大王。

很多领导者以工作繁忙为借口，逃避学习，这种做法毫无意义，他们其实是将进步的机会拱手让人。李健熙不但终生学习，还坚持处处学习，他广泛学习各种知识，涉及体育、动植物学等各个方面。

随着信息与传播科技的发展，各种信息不断翻新，如果不坚持终生学习，不但很快会被别人超越，而且会被社会所抛弃。作为领导者，要带领一个团队前进，必须不断学习，一天不学习就可能落后。为了坚持终生学习，富有前瞻性的比尔·盖茨先生提出将微软公司建成

"学习型企业"的宏伟目标。

事实上，很多企业领导都注重学习。韩国的 LG 公司在公司推行 E 小时学习计划，即每天让员工停止手头的工作，花一个小时的时间在网上学习，学习的内容包括公司的发展情况、先进的科学技术知识，等等。这种学习方法的推行，不但让员工从紧张的工作中得到缓解，也收到了很好的学习效果。

联合国教科文组织在提出终生学习计划时，还提出了学习的具体内容，包括学会求知、学会做事、学会共处和学会做人。在这四个学会中，学会求知是前提，只要学会了求知的方法，就很容易养成终生学习的习惯；"授之以鱼，不如授之以渔"，掌握高效的学习方法远远胜过掌握知识本身。因为，前人留下的知识太庞杂，每个人穷尽毕生精力都无法学到冰山的一角，但只要掌握了学习方法，就可以随时随地学到需要的知识。其中对做事、共处方面的学习非常重要，掌握了做事的技能，可以让人更好地立足于世界；学会了共处的方法，可以在公共交往中游刃有余；做事和共处的方法一旦被掌握，将使人终生受益无穷。在四个学会中，学会做人是核心。终生学习除了学习科学文化知识，还要学习如何做人，只有做一个正直的人、对社会有用的人，才符合终生学习的宗旨。

活到老，学到老，学习的目的是让自己不断进步，使自己逐渐成熟和完善。

五、提高职业素质

　　原美国通用电气公司董事长兼首席执行官杰克·韦尔奇是一位现代企业领导，具有理工科大学博士学位的良好学历背景，经由实践锻炼，职业素质不断提高。韦尔奇在执掌通用电气公司的 20 年间，使公司的市值增长了 30 多倍，达到了 4500 亿美元，企业在世界排名第二位，上升了五位；他所推行的六个西格玛、全球化和电子商务等管理标准和方法，对现代企业产生了深刻影响。韦尔奇锐意革新，打破了大型企业和家族企业的官僚体制，建立起无边界的扁平管理模式，让企业灵活、主动，不拘形式，一切以企业发展为出发点。

　　韦尔奇获得了作为一名领导者的巨大成功，在于其良好的职业素质。他高瞻远瞩，上任开始就提出了"面对现实，永远争取第一"的企业文化建设，正如李健熙为三星集团制定超越索尼公司的伟大目标一样，有了这样的企业文化基调，公司上下就能够瞄准一个目标。韦尔奇的伟大之处在于，他不仅能总结和制定通用电气公司的企业文化，还将文化牢牢坚持住，并贯彻到每个员工的心中。一个优秀的领导者必须能够总结和制定团队的文化，也就是团队灵魂的东西，这既是领导者个人能力的展现，也是较高职业素质的要求。

　　不是任何领导者天生就具备良好的职业素质，职业素质的培养是一个长期过程。领导者不但要制定属于自己的团队文化，还要善于引导团队，采取各种措施，消除多元文化的影响。李健熙在三星集团实施"创新经营理念"以前，三星内部存在着至少两种以上的文化：有的希望公司继续扩大规模，向超大型跨国集团迈进；有的希望公司在重工方面投资，保持业务的增长。李健熙深深知道，如果不解决这个问题，三星要走出困境就非常困难。但是，作为一个老牌大型家族企业，要统一企业文化谈何容易，首先，高层管理中的家族成员的意见就不一致，这是一个非常棘手的问题。解决这些问题，就是对领导者职业素质的考验，一旦投身进去，对职业素质本身也是一种锻炼。李健熙成功了，经由大企业的实践操作，他从一个 MBA 学员成为一个优秀的企业家。

通用电气公司身处美国，是一个开放的企业，在性质上与三星集团有一定的区别。韦尔奇面临的考验更加严重，如果没有较高的职业素质，是不能完成这一重任的。20 世纪 90 年代，美国掀起了网络经济的投资热潮，通用电气公司中的一些金融人士认为，公司应该立即注入资金，向网络公司和高科技企业进军。

韦尔奇在这种情况下表现得相当冷静，他发挥了实际调查后才得出结论的优点，安排专门小组对一些网络公司和高科技企业进行调查，发现这些企业所宣导的企业文化与通用电气公司有很大的差异。他随后在董事会上提出异议，并阐明了理由。韦尔奇得到了董事会成员的认可，公司放弃了对网络的投资；事实上，随后网络泡沫的破灭，印证了韦尔奇的英明决策。这一决策也展现了韦尔奇不因一时利益，而放弃企业价值观，和坚持企业文化的较高职业素质。如果韦尔奇是一个投机分子，注入巨额资金去网络淘金，通用电气公司现在可能一蹶不振，韦尔奇也就会成为一个失败的领导。

韦尔奇还有一个优秀的职业素质是善于挖掘人才，留住人才。作为一个团队的领导者，不可能唱独角戏，必须要有一大批优秀的人才为团队服务，有了人才，团队才有战斗力的基础。领导者的一个重要素质就是礼贤下士，招纳优秀的人才；关心人才的成长、进步和成功：为人才尽可能创造发展条件，让他们安心为团队工作。

皮耶尔在一家保险公司做部门经理，其貌不扬，没有让人羡慕的学历，个人能力也一般。但公司高层很信任他，让他一直做销售部的经理，皮耶尔不孚众望，让自己的团队业绩一直保持领先水准。皮耶尔不是一个优秀的领导者，但他恰恰在用人方面表现了超人的职业素质。正因为自己能力不突出，他能始终保持谦虚的作风，给下属和蔼可亲的印象，又勇于承担责任，让很多销售奇才们都乐意为他工作。

在管理人才方面，皮耶尔还是费了一番苦心的。不管是自己招聘进来的新员工，还是销售元老们，他都为他们准备了一个本子，详细记载了员工们的业绩和表现，随时对他们做出公正的评价。奖金的发放、职位的晋升，都以此为依据。如果员工有不同意见，他可以翻出原始记录，员工只得心服口服。那些做出业绩的员工，也因此得到公正的奖励，自然提高了工作积极性。他还经常对员工进行调查，将员工中存在的问题（包括思想问题）都记录在册，以便自己管理参考和上报总部进行决策。这样就可以避免在人才管理上出现偏差。

总之，成功领导者的素质主要包括：①诚实守信的品格。这也是对做人的要求，只有诚信领导才能得到别人的信任，获得良好的回报。②较强的自信心。成功的领导者以自信心为起点，没有自信心，领导者便会畏首畏尾，无法坚持自己正确的意见，不自信的人也不可能得到大家的认可，而走上领导职位。③随时富有热情。热情包括对人和对事业两个方面，热情可以在团队营造一个积极向上、团结拼搏的氛围，让每一个员工都发挥出最大的潜力。④领导者还要具备一定的冒险精神。冒险通常和创新、尝试联系起来，那种四平八稳的人不适合当领导者，因为他们只知道维持现状，没有改革和发展的决心。

六、超越常人的远见

站得高，看得远；看得远，才能成就大事业。大凡领导者都需要有超凡的眼光，发现常人不能看到的方向和创新，才能占领事业的制高点，获得成功的先机。

中国台湾企业家王永庆是一个富有远见的企业家。20世纪初，中国台湾由于没有多余的食物，民众出售的鹅都很瘦；但王永庆发现这些鹅有很多优点，那就是特别能吃，生命力强，耐受能力强。因此，他大量买进很多瘦鹅，又购来大批蔬菜饲料，这些鹅很快长大，收益颇丰，他还因而创造了著名的"瘦鹅理论"。

这个理论包含了超越常人的远见。很多时候，一个团队也好，个人的发展也罢，可能遇到暂时的困难和逆境，甚至出现让人丧失信心的挫折。有时候遇到顺境，成功一个接着一个，发展趋势非常良好。但是，如果只看重眼前利益，悲观失望或者盲目乐观，都会给发展带来严重损失。在王永庆看来，艰苦的环境和暂时的挫折都不值得担忧，对锻炼企业的坚韧性来说，或许是一件好事也说不定。

在投资方面，王永庆更具备超常的思维和眼光。20世纪50年代初，塑胶成为中国台湾亟须发展的几大行业之一，但中国台湾化工业的企业家出国考察得出结论，中国台湾的塑胶工业无论如何也无法超过日本企业，绝对没有发展前途。王永庆却表示愿意投资塑胶业！消息一出，王永庆的朋友、亲戚、下属，包括台湾知名的化学专家，都纷纷劝诫或指责王永庆，认为他投资塑胶行业肯定要失败。

王永庆顶住压力，坚持自己的决策。1954 年，他与朋友合作以 50 万美元的资金，创办了中国台湾第一家塑胶公司。建成投入生产后，果然遭遇到销售的困境。首批产品 100 吨，在中国台湾只销出了 20 吨。在这种情况下，理应减少生产，但王永庆不但没有减少产量，反而下令扩大生产！他的这一决定，将那些合作的朋友都吓得只好撤资。在这种情况下，王永庆居然变卖了自己的全部财产，买下公司的全部产权，台塑公司变成他的独家产业。

为降低产品价格，王永庆建立了自己的塑胶产品加工厂——南亚塑胶工厂，直接将一部分塑胶原料生产出成品供应市场。两个厂的产品都打开了销路，他很快成为塑胶大王。

王永庆成功后，人们纷纷佩服他的运气和超人的远见，但只有王永庆自己清楚，所谓的远见，不过是建立在详细的调查研究基础上。没有第一手的资料和亲身实践，所有的预测都是捕风捉影，都是无准备之仗，是注定要失败的。

在塑胶投资之前，王永庆已经做了周密的调查和认真的分析；虽然他不懂化工，但他聘请了塑胶方面的专家帮助他研究，还虚心向很多有名的实业家请教，并对市场情况做了深入细致的调查，更私下东渡日本考察塑胶企业。况且，他掌握了一个重要的信息：中国台湾的烧碱工业非常发达，每年产生大量的氯气，其中有70％可供回收制造 PVC 塑胶粉。在中国台湾从事塑胶产业，不用像日本企业那样需要担心原材料的问题。

　　远见因条件的改变而不断变化，领导者要不断调整思路，放眼未来，才能永远立于不败之地。王永庆进入塑胶行业的时候，很多台湾地区的实业家在木材行业里竞争得头破血流，而赚取了第一桶金的王永庆却毅然转行。当他在塑胶行业小有成就时，却又在木材行业看到了无限的商机。

　　当时，商家大量采伐木材，获取巨额利润，将很多小树枝白白地扔掉。王永庆一直在思索，能够让这些小树枝发挥什么用途呢？经过专家论证，王永庆得出了小树枝能制造人造纤维的结论。王永庆开办了台湾化学纤维工业公司，利用树枝生产的人造纤维还解决了中国台湾缺少棉花等天然纤维的不足，化学纤维公司为王永庆带来了丰厚的回报。

　　领先一步，将步步领先，远见成就了王永庆。从王永庆身上，我们得出一个理论：决策始于远见。没有远见将发现不了机会，优柔寡断，最终放弃决策。富有远见的领导者就像远洋的船长，能为船舰指明方向。富有远见的领导者能在认真调查研究的基础上，发现创新的发展方向，并及时为团队指示出来，带领团队成员向着共同的希望或梦想前进。这样的领导者放手让员工去自由发挥，激发他们的潜能，让他们不断尝试，即便失败也在所不惜。正如王永庆一样，当初创办塑胶厂时，虽然有九成以上的把握，但一切都是未知数。领导者如果没有一定胆略，放手让员工一搏，他的塑胶企业至少不会发展得那样快。

具有超越常人远见的领导者可以未雨绸缪，提前做好准备，避免事到临头的慌乱。卡内基在很小的时候，就预见到钢铁生产必然成为朝阳产业，也暗下决心成为未来的钢铁企业家。有了这样的远见和理想，卡内基便朝着这个目标努力，他去图书馆阅读了大量关于制铁方面的书籍，在工作中结识了很多需要钢铁的企业家、能够提供资金的金融家、能够为事业带来帮助的朋友，当一切准备就绪的时候，卡内基便毅然辞去待遇丰厚的管理职位，建立了自己的钢铁公司。

由此可见，远见也是一个领导者必备的素质，有了远见，还需要为远见做出决策，放手让员工执行，还要为此做好充分的准备，在一切条件都充分的情况下，领导者也就成为成功的典范。

七、避开决策陷阱

1898 年，美西战争爆发，使得匹兹堡的钢铁需求量高涨，价格猛增；当美国成为战胜国后，名声大振，钢铁工业光芒万丈，J. P. 摩根再也坐不住了，他采取融资等办法，控制了两家钢铁公司。

但是，这两家钢铁公司与庞大的卡内基的钢铁王国相比，只能算是中小企业。摩根对卡内基钢铁垂涎欲滴，决定首先拿下这头大象，以便主宰全美的钢铁公司，摩根做出决定之后，便开始了一步步的行动。首先，他成立了联邦钢铁公司，并将国家钢管公司和美国钢网公司收入囊中，同时操纵自己所属的全部铁路，准备从钢铁销售管道上卡死卡内基。但卡内基不动声色，这让摩根无可奈何。

摩根意识到了自己的失败，马上采取第二个步骤，他扬言如果卡内基公司不答应合并，他就会与另外的大型钢铁企业合并。卡内基感觉到了危机，但通过对局势的分析，卡内基做出决定，答应与摩根集团合并，但也提出了条件，要求给予合并后新公司的公司债而不要股票。并将卡内基钢铁的资产按照时价以 1 美元比 1.5 美元来计算。摩根没有发现有什么不妥，眼前浮现的只有钢铁垄断之后的巨额利润，他立即答应了卡内基的条件。

卡内基并入了摩根集团，摩根似乎取得了胜利，但他也付出了惨重的代价。而卡内基在出售了钢铁公司之后，资产一下子从当时的 2 亿多美元上升到 4 亿美元，几乎翻了一番。

在这次并购中，一向精明的摩根陷入了决策的陷阱之中，他让卡内基及其手下在一夜之间成为富翁。摩根更为失策的还在后面，他因此而成为美国《反垄断法》的标靶，老态龙钟的他不得不亲自出庭，捍卫自己的尊严。

伟大的企业领导摩根都难免步入决策陷阱，何况一般领导呢？因此，必须采取措施，避免让决策陷入陷阱之中。

过多的分析和研究容易让人犹豫不决，无法正确地决策。知识分子不容易成为领导者，就因为他们太过于认真地分析，越分析发现问题越大，他们认为没有百分之百的把握绝对不能决策，结果迟迟无法决定，延误商机，成为典型的事后诸葛。因此，只要有大多数的分析认为有70%的把握，就可以决策了，这样就可以避免因为过多分析而错过最佳决策时机。

在决策时候要善于否定自己，只有善于否定，才能创造新的东西。汽车大王亨利·福特曾是一位善于否定过去的高手，他让自己的汽车不断改进，终于改变了人类旅行的方式。不过到了晚年，他却固执地坚持自己T型车的生产模式，将公司逼进死胡同。

消除紧张情绪是正确决策的心理条件，很多领导者在决策时容易过度紧张，迟迟不能做出决策，一旦做出决策时便草率从事。很多时候，领导者必须做出重大决策，这个决策可能对团队造成致命影响，可能决定团队的发展方向，因此务必非常谨慎，但过分紧张则让一个人的思维变形，所以在决策时必须冷静下来，心平气和地进行决策。

无法摆平内部争端也会让决策发生偏差。以前，三星集团高层管理人员分为几派，站在自己的立场上，为了一个问题争论半天，使决策无法开展。当李健熙当上总裁之后，便采取了一个措施，那就是将所有与会人员关在会议室里，摆满香烟和啤酒；决策做不下来，便不准离开会议室，这个措施非常有效，内部争端很快摆平，正确的决策就形成了。

看不到发展方向，也会给决策带来严重影响。预测未来发展情况，对领导素质提出了较大的挑战，这就需要领导者在日常工作中不断累积知识，对未来做出大胆准确的预测，在前面一节中，王永庆就能够对未来做出判断，进而对投资进行决策。

年轻的领导者在决策上遇到的困难往往是经验不足，要迅速解决这一问题，就要具备一定的冒险精神，并训练自己的直觉。直觉也不是凭空而来的，必须经过多次训练得到提升。不断实践，不断强化，直觉就会得到加强，实现指导决策的目的。